[基金项目] 本书为2017年福建省自然科学基金项目"福建省基于车载通讯系统实施UBI汽车保险的可行性研究"（2017J01799）、2015年福建省社科规划项目"延迟退休年龄与延迟申领养老金年龄的框架效应研究"（FJ2015B209）和2015年福建省中青年教师教育科研项目"基于职业年金发展的养老保险并轨研究"（JAS150475）的阶段性成果之一。

金融时间系列分析：
保险的视角

吴祥佑　著

中国财经出版传媒集团

中国财政经济出版社

图书在版编目（CIP）数据

金融时间系列分析：保险的视角／吴祥佑著 .—北京：中国财政经济出版社，2017.9

ISBN 978-7-5095-7662-5

Ⅰ. ①金… Ⅱ. ①吴… Ⅲ. ①保险-时间序列分析 Ⅳ. ①F840

中国版本图书馆 CIP 数据核字（2017）第 194669 号

责任编辑：彭 波 段 钢 　　　责任印制：杨 军
美　　编：孙俪铭 　　　　　　责任校对：张 凡

中国财政经济出版社 出版

URL：http://www.cfeph.cn
E-mail：cfeph@cfeph.cn

（版权所有　翻印必究）

社址：北京市海淀区阜成路甲 28 号　邮政编码：100142
营销中心电话：88190406　北京财经书店电话：64033436　84041336
北京财经印刷厂印刷　各地新华书店经销
710×1000 毫米　16 开　13.25 印张　220 000 字
2017 年 9 月第 1 版　2017 年 9 月北京第 1 次印刷
定价：58.00 元
ISBN 978-7-5095-7662-5
（图书出现印装问题，本社负责调换）
本社质量投诉电话：010-88190744
打击盗版举报热线：010-88190492、QQ：634579818

前　　言

我国保险业系统性风险日益引人关注。经过多年的快速发展，保险业在我国金融体系中占据着越来越重要的地位，截至2016年年底我国保险业总资产已达15.12万亿元，其中可运用资金高达13.39万亿元。尽管形势喜人，但保险业的发展并非总是"保险的"。在本轮金融危机中，本来应为社会经济风险"保驾护航"的保险业就曾给整体金融业带来过巨大的系统性风险，美国政府最终被迫出资1850亿美元拯救AIG（Harrington, 2009）。当我国经济进入"新常态"时，保险业爆炸式的增速难以为继，各种"发展中的问题"便会暴露出来进而形成类似AIG的系统性风险。因此，加强保险业系统性风险研究已成为我国保险界的当务之急。

当前，我国保险业发展出现了公司治理结构畸形化、产品开发冒险化和投资风格激进化的"三化"趋势。部分公司"一股独大"，险资疯狂举牌上市公司。"从门口的陌生人变成野蛮人，最后变成行业的强盗"。少数公司"成了单一股东的融资平台"，"办成了富豪俱乐部，被金融大鳄所借道和藏身"。险资的非理性举牌行为扰乱了金融市场秩序，埋下了系统性风险隐患，监管层的反复、公开批评凸显了问题的严重性。部分险种"一险独大"，与其他金融产品过度交叉。高投资性、低保障性险种万能险的井喷式增长提高了保险业与其他金融行业的关联性（interconnectedness）。万能险的野蛮生长有助于保险人快速吸收巨额短期资金，提高短期绩效，长期内则只会造成风险的积累与放大，恶化保险人的资产错配。既提高了风险水平，又增强了其传染性。部分高成本险资为获取高收益，提升了风险偏好、加大了高风险资产的配置比重，投资风格趋于激进。在金融混业发展的背景下，保险资金在金融市场间的跨界融通越来越频繁，渠道越来越多样，关联交易增多，风险交叉传递的可能性正在不断加大。AIG殷鉴未远，我国保险业发展的"三化"趋势正是AIG当年失败的主要原因。

"守住不发生系统性风险底线"是2017年我国保险业监管工作的重点，这需要从定性上，更需要从定量上认识这个"底线"。国际金融危机促使监管者反思过去以金融机构个体风险为核心的微观审慎监管，开始转向将金融系统作为一个整体进行监管的宏观审慎监管，宏观审慎监管的前提是对系统性风险的清晰认识和准确度量。当前我国学术界对银行业、证券业的系统性风险已有充分研究，但对保险业系统性风险的认识却仍显不足。国内现有的关于保险业系统性风险的研究成果，多为非保险学者在研究其他金融行业系统性风险时的"副产品"，亟需从保险业的视角探索科学的测度方法，准确测度保险业系统性风险，考察不同保险人的系统风险贡献状况，把握风险传染方向及速度。唯其如此，才会有"守住不发生系统性风险底线"的底气。

1. 国内外研究现状

首先，国内外学者进行了风险识别，考察了保险业系统性风险的来源，认为传统保险业务系统风险较低，创新保险业务系统风险较高。只是在系统性风险来源的具体险种上，观点稍有差异。含有非对冲最低收益保证与自由退保条款的寿险（Bobtcheff et al., 2016）、财务担保与衍生交易（Cummins and Weiss, 2014）、分红险和万能险（吴卫星等，2014）、某些寿险核心业务（Chen and Cummins et al., 2013）、短期融资和表外衍生品交易（赵桂芹和吴洪，2012）等被认为可能造成系统性风险。另有学者认为，在企业债、结构化固定收益产品上占比过高的投资，以及可提现负债占比的不断提升正在推高保险人的系统性风险（Acharya et al., 2016）。总资产、分支机构数量和投资收益对系统性风险有重要影响（张琳和何玉婷，2015）。缪建民（2016）发现ROA越高、杠杆越大的保险公司，MES越大。为此，学者们主张加强对非传统、非核心业务的监管（Jobst, 2014），强化对保险集团的监管（Cummins and Weiss, 2014；张琳和何玉婷，2015），加强系统性风险的计量与评估（郭金龙和赵强，2014），积极探索其基本规律（谢志刚，2016）。

其次，国内外学者进行了行业比较，认为保险业系统性风险小于其他金融行业。在系统性风险上，保险业只是次要角色（Berdin and Sottocornola，2015；赵桂芹和吴洪，2012）、主要是受害者而非传播者（Cummins and Weiss，2014），银行业给保险业带来了显著的系统性风险，反之则不然（Chen Cummins et al.，2013）。更多学者倾向从银行、证券、保险的比较中来凸现保险业的低系统风险性，只是在排序上稍有不同（Geneva Association，2010）。在金融体系的系统性风险中，银行占据着重要的位置（Billio et al.，2012；王周伟等，2014）；保险公司的系统性风险低于商业银行但高于证券公司（张蕊等，2015；卜林和李政，2015）；保险业的系统性风险较小（沈悦等，2014；陈守东和王妍，2014）或最低（苏明政和张庆君，2015；方意、赵胜民和王道平，2012）。也有学者持相反的观点，认为证券公司的系统性风险最大，保险次之，银行最小（范小云等，2011）。究其原因，Acharya 等.（2016）认为是因为保险人不像银行那样会遭到短期债权人的挤兑。此外，学者们还发现再保险的系统性风险也相对较小（Chen and Cummins et al.，2016；王丽珍，2015；Park and Xie，2014）。

最后，国内外学者对于应当如何测度保险业的系统性风险存在较大的分歧。保险学者倾向于用边际预期损失（MES）或系统风险指数（SRISK）测度保险业系统性风险，较少用条件在险价值（CoVaR）法。基于 MES（或系统预期损失 SES）法，学者们发现非传统、非核心业务增多，资金运用错配会提高保险业系统性风险（Cummins and Weiss，2014；Acharya et al.，2016）。金融危机期间，我国保险公司的 MES 较高，随后迅速降低；平时 MES 较高的保险公司，危机时 SES 也较高；长期来看，中国平安的系统风险最高，中国人寿居中，中国太保最小（缪建民，2016；刘璐和王春慧，2016）。国内金融学者在用 MES 法研究金融业系统性风险时也研究了保险业系统性风险。范小云等（2011）用 Acharya 等（2010）的方法测度了包括保险公司在内的我国金融机构的 SES 和 MES。随后，国内学者开始根据 Brownlees 和 Engle（2011）的建议，用 DCC-GARCH 模型来估计金融机构的 MES（宋清华和姜玉东，2014；方意、赵胜民和王道平，2012；赵进文和韦文彬，2012）。接下来，梁琪等（2013）将 SRISK 法引入系统性重要金融机构（SIFIs）的评估中，发现我国保险公司的系统重要性在不断上升，其中中国平安与中国人寿的系统重要性仅次于五家大型商业银行（王广龙、熊利平和王连猛，2014）。冯超和谈颢阳（2014）发现规模、盈利能力、资本充足率等是SES的重要决定因素。

相对于MES法，国内学者在CoVaR法上分歧更大。第一类用传统方法计算CoVaR，包括基于收益率序列，用Adrian和Brunermeier（2010）建议的分位数回归进行估计（卜林和李政，2015；王周伟等，2014），用多元GARCH模型拟合（袁薇和王培辉，2017；缪建民，2016；王周伟等，2014），或者用Copula函数计算CoVaR（潘凌遥等，2015；王周伟等，2014）。第二类联合使用GARCH模型和Copula函数测度CoVaR。先用GARCH模型估计收益率的边缘分布，再基于边缘分布估计Copula相依结构函数，最后基于Copula函数计算CoVaR（袁曦等，2014；陈长权等，2013；谢福座，2011）。沈悦等（2014）的方法略有不同，她先基于收益率用GARCH模型估计VaR，得到对应的残差，再估计Copula相依结构函数，最后将VaR对应的残差代入Copula函数求出CoVaR。第三类引入极值理论（EVT），结合GARCH模型和Copula函数测度CoVaR。张蕊等（2015）先用GARCH模型测度VaR，再用EVT提高VaR测度的精度，最后基于Adrian和Brunermeier（2010）的方法算出CoVaR。在EVT的引入上，刘晓星等（2010，2011）走得更远，他们先用EVT对边缘分布建模，获得边缘分布后再选择合适的Copula相依结构函数，然后基于Copula函数计算CoVaR。第四类尝试用更前沿的方法估计CoVaR。吴卫星等（2014）用高维Copula函数模拟系统性风险，发现银行、证券及保险业的系统性风险有一定的共性。谢远涛等（2014）用Copula函数筛选SV-t模型和SV-GED模型，发现保险业是我国系统性风险链条上重要的一环。通过将极值理论与分位数回归结合起来，陈守东和王妍（2014）用极端分位数回归测度了我国金融机构的CoVaR，发现保险业的系统性风险相对较低，其中太平洋保险较高，平安保险最低。为测度多期VaR，许启发等（2015）用非线性分位数回归比较了波动模型、QRNN+波动模型和SVQR+波动模型，发现SVQR+波动模型最优。

此外，国内外学者还运用了主成分分析、格兰杰检验等方法。Billio等（2012）基于主成分分析和格兰杰检验测度了保险业与其他金融业间的关联性。

Chen 和 Cummins 等（2013）进一步用线性和非线性格兰杰检验考察了美国保险业与银行业间的关联性。基于主成分分析，张琳和何玉婷（2015）发现投资收益对保险公司系统重要性的影响较大。综合运用主成分分析、线性和非线性格兰杰检验、网络分析等方法，苏明政和张庆君（2015）发现银行的关联性最强，证券次之，保险最低。

对各种测度方法是否互补，学者们莫衷一是。Berdin 和 Sottocornola（2015）分别用 Granger 检验、CoVaR 和 MES 法测度了欧洲保险业的系统性风险，发现保险业与其他行业存在持续的系统相关性。三种方法间的差异并非因其缺乏准确性，而源于各自关注点的不同。Benoit 等（2015）比较了 MES、SRISK 和 ΔCoVaR 法，发现三者旨在识别不同的 SIFIs，都无法捕捉系统性风险的多面性。由于复杂的关联性，国外学者多用网络结构法分析再保险的关联性（Park and Xie, 2014；Chen and Cummins et. al, 2016），但由于对数据质量要求过高，网络结构分析法的适用性较低（Weiss, 2014）。国内学者卜林和李政（2015）分别用 CoVaR 法和 MES 法测度了我国金融机构的系统性风险，发现两者的结果大体一致，但并不完全吻合。在 MES 测度上，证券公司、保险公司和商业银行依次递减；在 ΔCoVaR 测度上，商业银行、保险公司和证券公司依次递减。单个机构的 MES 和 ΔCoVaR 变动具有很强的协同性。缪建民（2016）比较了通过 DCC-GARCH 模型测得的 MES 与通过 GARCH 模型测得的 ΔCoVaR 间的相关性，发现 MES 与 CoVaR 在 1% 的显著性水平上正相关，两种系统性风险衡量方法间存在较强的可替代性。但同其他金融行业相比，保险业的 MES 与 CoVaR 间并不存在更强的相关性。通过比较，王周伟等（2014）发现对于计算 CoVaR，与分位数回归法相比，Copula 函数法与 DCC-GARCH 模型更有效。可见，国内外学者对于应该用什么方法测度保险业系统性风险并没有统一的意见。

综上所述，相对于其他金融行业，国内外研究保险业系统性风险的文献较少，研究程度也有待深入。国内相关的研究多由非保险金融学者完成，相关成果多为研究整体金融业系统性风险的"副产品"，保险业系统性风险还没有激起国内主流学者的研究兴趣。系统性风险的测度方法复杂多样，国内外学界在如何选择测度方法上存在分歧，对于应如何测度 CoVaR 则更是分歧巨大，缺乏相应的判别标准,对于应如何测度保险业系统性风险则鲜有专文论及。在我国保险业系统性风险与日俱增,传染性不断增强的背景下,亟须从保险业的视角准确计量保险业系统性风险,分析其影响因素,把握其传染途径与机制,并进行有效化解。

2. 保险业系统性风险测度方法的可能探索方向

基于 MES 与 SRISK 的测度,主要包括三种方法:基于 MES 和杠杆率估计 SES、用 DCC-GARCH 模型测度 MES 和在 MES 的基础上计算保险公司的系统性风险指数 SRISK。基于 MES 和杠杆率估计 SES。通过求整体金融业未发生系统性风险时,在给定时间区间内,市场表现最坏($\alpha\%$ 分位数以下)的若干天内股票收益率的均值获得各保险公司的 MES。通过求整体金融业发生系统性风险时,各保险公司已经发生的股票收益率均值,即已经实现了的期望损失,获得各公司的 SES。然后用 MES 和杠杆率对 SES 建模,考察平时危险的公司危机时会不会成为系统性风险的制造者。

用 DCC-GARCH 模型测度 MES。将 DCC-GARCH 模型引入 MES 方法后,滞后一期的 MES 可视为短期 MES,短期 MES 可以用波动性、相关性和标准化残差尾部期望的函数来表示。DCC-GARCH 可以估计整体金融市场与具体保险公司收益率的条件波动性、标准化残差及条件相关系数。然后采用 Scaillet(2015)的非参数估计量来估计两者的尾部期望,进而得到 MES。

在测度 MES 的基础上计算保险公司的系统性风险指数 SRISK。系统性风险指数 SRISK 是在发生系统性金融风险的条件下,具体金融机构的预期资本缺口,是条件于系统性金融风险的期望资本缺口。SRISK 可以通过审慎权益资产比例乘以负债减(1－权益资本价值下跌幅度 LRMES)与权益价值的交乘项与(1－审慎权益资产比例)的乘积。审慎权益资产比例多根据巴塞尔协议定为 8%。

基于 CoVaR 的测度,先用多种方法测度在险价值 VaR,再通过 VaR 间的回归得到 CoVaR。在险价值 VaR 的测度,除传统的历史法、均值方差法、蒙特卡罗模拟法外,还有单变量 GARCH 模型、分位数回归、SVQR＋波动模型等。VaR 的测度复杂多样,CoVaR 的估值也各不相同。直接测度 CoVaR,基于收益率,可以通过分位数回归,多元 GARCHD 模型和 Copula 函数获得 CoVaR。综合方法测度 CoVaR,主要有 GARCH-Copula-CoVaR 和 EVT-Copula-CoVaR 两种方法。

先通过 GARCH 模型或极值理论 EVT 估计收益率的边缘分布,在边缘分布已知的条件下选择适当的 Copula 相依结构函数,最后再基于 Copula 函数计算 CoVaR。还可以通过将极值理论与分位数回归法结合起来,用极端分位数回归获得 CoVaR。

基于主成分分析、格兰杰检验的测度,为全面评估保险业系统性风险测度方法的优劣,还需要比较格兰杰因果检验、主成分分析法等传统型风险测度方法,以识别并筛选出最优的保险业系统性风险及其传染性的测度方法。

3. 构建比较各种测度方法的判别指标

针对不同保险公司的不同测度方法的判别。无论是 MES 还是 CoVaR,用不同测度方法测度同一组机构时,为比较不同机构系统性风险贡献的大小,该测度对不同机构会有一个风险水平的排序,即在该测度上的秩。检验并判别不同测度的收敛性就可以转换为检验不同测度秩的一致性。为此,可以借鉴 Kendall 协同系数的构造思想来构造不同系统性风险测度方法的判别标准。

用 m 种方法测度 n 家保险公司的系统性风险水平,总秩为 $mn(n+1)/2$,每个观测的平均秩为 $m(n+1)/2$。每个测度上的秩和为 R_i($i=1,2,3,\cdots\cdots,n$)。如果各种测度方法不收敛,即各种系统性风险测度值不相关,则其排序应该是随机的,那么 R_i 与平均秩间的差别应该不会太大。求列秩和与平均秩偏差的平方和,然后构造 Kendall 协同系数。如果协同系数大于 0.8,则认为各测度显著相关,即各种测度方法是收敛的。统计量 Kendall 协同系数与 $m(n-1)$ 的乘积服从自由度为 $(n-1)$ 的卡方分布,也可以基于此判别考察各种测度的收敛性。

针对同一保险公司的不同测度方法的判别。对于同一家保险公司,不同的系统性风险测度会给出不同的系统性风险值。不同测度的风险值是否类似或相近是判断不同测度方法收敛性的重要依据,这需要先对不同测度的风险值进行标准化、无量纲化处理,再依据若干判别指标进行判别。将任一测度视作基准序列,而将其他方法所获得的测度视为待检验序列,通过多重循环比较可以筛选出最优的测度方法。

残差检验。残差等于待检验序列与基准序列的差。相对误差等于残差与基准序列的比值。一般地，残差与相对误差越小，说明两者越接近。

关联度检验。先计算待检验序列与基准序列的关联系数，然后令分辨系数等于0.5，则该关联系数的均值即关联度检验之关联度。关联度是待检验序列与基准序列间关系密切性的量度。关联度越大，说明两者越接近；反之则说明两者相距较远。一般地，关联度大于0.5表示两者较接近。

后验差检验：方差比和小误差概率检验。方差比等于待检验序列标准差与基准序列标准差的比值。小误差概率等于待检验序列与基准序列的残差与该残差均值的差的绝对值小于0.6745倍基准序列标准差的概率。方差比越小说明两者相差越小；小误差概率越大说明误差比较小的概率越大。一般地，方差比小于0.35，小误差概率大于0.95，表明待检验序列与基准序列非常接近。

构建Benoit比值及相关性指标。Benoit（2012）认为在正态性假定下，ΔCoVaR与MES的比值能更准确地测度金融机构的系统性风险。给定ΔCoVaR，系统性风险高的保险公司，其MES相对较大。因此，Benoit比值越小，系统性风险越低，借此可判断其他测度方法的可靠性。此外，还可以对各种系统性风险测度方法的测度值进行相关性分析，利用Pearson相关系数分析各测度间的线性关系。利用Spearman和Kendalltau相关系数分析各种测度风险水平排序的一致性。

4. 结论与展望

随着保险业在我国金融系统中地位的不断提高，其系统性风险日益引起各界的关注。目前国内外学术界对于如何测度保险业系统性风险仍存在较大的分歧，尤其对于应该如何测度保险业的条件在险价值更是分歧巨大。由于各种测度方法的侧重点不同，加之缺乏评断标准，学术界短期内很难对究竟应该如何测度保险业系统性风险达成统一。

在AIG殷鉴未远，我国保险业系统性风险快速上升的背景下，保险学界亟须用现有的测度方法测度保险我国保险业的系统性风险，掌握保险业系统性风险的现状；构造系统性风险测度方法的判别指标，筛选出稳健、高效的保险业系统性风险测度方法；建立系统性风险决定模型，识别系统性风险影响因素，判断其影响的力度与方向，有针对性地降低保险业系统性风险；测度保险业系统性风险的溢出效应，评估系统重要性保险机构，识别系统性风险的传染机制与途径，弱化或阻断其传染，守住不发生系统性风险的底线。

作　者

2017 年 6 月

目　　录

第1章　基于 Logistic 模型的寿险需求实证研究 ……………………… 1
　　1.1　文献回顾 ……………………………………………………… 1
　　1.2　基于 Logistic 模型的实证分析 ……………………………… 3
　　1.3　计量结果分析 ………………………………………………… 6
　　1.4　结论与启示 ……………………………………………………11

第2章　数据的分解和平滑 …………………………………………… 12
　　2.1　时间序列数据的分解 ………………………………………… 12
　　2.2　移动平均方法 ………………………………………………… 16
　　2.3　指数平滑方法 ………………………………………………… 21

第3章　保险社会管理功能论争鸣述评 ……………………………… 28
　　3.1　引言 …………………………………………………………… 28
　　3.2　本质未变功能增加的理论困惑 ……………………………… 29
　　3.3　历史属性与社会管理功能的产生 …………………………… 31
　　3.4　社会属性与社会管理功能的存在 …………………………… 34
　　3.5　保险公司是否社会管理主体 ………………………………… 37
　　3.6　结　论 ………………………………………………………… 40

第4章　非平稳时间序列模型 ………………………………………… 41
　　4.1　非平稳形式 …………………………………………………… 41

4.2 趋势的消除 ·· 44
4.3 ARIMA 模型 ·· 45
4.4 ARIMA 模型的预测 ·· 48
4.5 我国保险业经营管理费用 ARIMA 模型的建模 ········ 50

第 5 章 季节时间序列模型研究：以财产险为例 ········ 58
5.1 简单季节 ARMA 模型 ······································ 58
5.2 乘积季节 ARMA 模型 ······································ 60
5.3 非平稳季节 ARIMA 模型 ·································· 62
5.4 我国财产保险季节时间序列模型 ························ 63
5.5 SARIMA 模型预测 ·· 67
5.6 基于 GARCH 模型的我国财产险赔付率分析 ·········· 70

第 6 章 保险本质的再认识：一个产权经济学的视角 ········ 75
6.1 引言 ·· 75
6.2 保险本质的争鸣及其共识 ·································· 76
6.3 保险风险的低相关性与保险赔付的低或然性 ·········· 79
6.4 保险本质的产权经济学分析 ······························ 81
6.5 创新型寿险投资收益的产权属性 ························ 89
6.6 结论与启示 ·· 92

第 7 章 我国上市保险公司股价研究 ······················ 93
7.1 基于 *GARCH* 模型的中国平安股价研究 ················ 93
7.2 中国人寿股票日收益率：基于 GARCH 族模型的分析 ········ 99

第 8 章 我国保险业发展影响因素的实证研究 ·········· 113
8.1 引言 ·· 113
8.2 文献回顾 ·· 114

8.3　模型设定 数据来源与处理 ·· 120
　　8.4　实证结果及其解释 ·· 127
　　8.5　结论与启示 ··· 133

第9章　基于ARIMA模型的"银保新政"制度冲击测度 ············ 134
　　9.1　文献回顾 ··· 135
　　9.2　预测保费收入的ARIMA模型 ······································ 137
　　9.3　数据来源与模型识别 ·· 139
　　9.4　模型预测与冲击评估 ·· 143
　　9.5　结论与启示 ··· 146

第10章　经营绩效、市场情绪与保险股价格 ······························ 148
　　10.1　引言 ··· 148
　　10.2　文献回顾 ·· 149
　　10.3　保险股价波动模型的构建 ··· 151
　　10.4　样本选取与统计描述 ·· 153
　　10.5　实证结果与分析 ··· 155
　　10.6　结论与建议 ·· 157

第11章　我国保险股收益与波动溢出效应实证研究 ··················· 159
　　11.1　引言 ··· 159
　　11.2　文献回顾 ·· 160
　　11.3　两阶段ARMA-EGARCH模型的构建 ························ 162
　　11.4　样本选取与统计描述 ·· 164
　　11.5　实证结果与分析 ··· 165
　　11.6　结论与启示 ·· 169

第12章　上市保险公司年度业绩预告的信息效应研究 …………… 171
  12.1　引言 ………………………………………………………… 171
  12.1　文献综述 …………………………………………………… 172
  12.1　样本选择与研究方法 ……………………………………… 174
  12.1　实证结果及分析 …………………………………………… 178
  12.1　结论与启示 ………………………………………………… 186

参考文献 ………………………………………………………………… 188

第1章

基于 Logistic 模型的寿险需求实证研究

面对国际金融危机的严峻形势，我国保险业，尤其是寿险业要更好地实践科学发展观，就必须认真研究寿险需求的影响因素，有针对性地改进营销模式，以保证承保业务的稳定性。针对寿险需求的影响因素，国内外学者曾从不同的角度进行过广泛的研究，但这些研究要么是基础的理论研究，要么是纯粹宏观的实证分析，对具体公司、具体险种的营销缺乏指导意义。尽管关于保险营销模式的设计与改进，国内外学者也都有详尽的论述，但很少有人从保险需求影响因素决定保险营销模式的视角进行实证分析。为增强理论研究对业务实践的指导作用，帮助营销人员在营销沉没成本既定的条件扩大营销成果，提高营销绩效，有必要认真分析具体险种需求的影响因素，以提高营销人员使投保人增加保额的努力的成功概率，实现最优营销目标。本书基于重庆市某公司一款终身寿险的销售数据，运用 Logistic 分析方法研究了影响该险种需求的关键因素，并有针对性地改进了对应的营销策略。

1.1 文献回顾

寿险需求影响因素的理论分析。Neumann 和 Morgenstern 的期望效用理论及不确定性条件下的消费者行为选择、Friedman 和 Savage 对消费者风险态度的研究、Arrow 和 Debreu 不确定性下的一般均衡理论，以及 Pratt 对风险厌恶程度的测度等，为保险需求研究奠定了理论基础。在期望效用理论的范式下，Yaari

(1965)的研究表明由于寿命的不确定,消费者更倾向于即期消费而非未来消费。定价公平的寿险商品能消除寿命不确定给消费者带来的影响,帮助消费者最大化其终生的期望效用。Hakanson(1969)的研究扩展了Yaari的工作,他考虑了个人财富、收入、利率、价格指数以及消费者对消费和财富的主观贴现函数等因素对保险需求的影响。Fischer(1973)采用与Hakanson类似的方法,用离散时间模型研究了寿命不确定条件下的消费、储蓄和保险需求。Kami和Zilcha(1986)的研究表明依靠财富为生的人不太可能购买寿险,而依靠工资收入为生的人则更趋向于购买寿险。Lewis(1989)突破了投保人最大化其自身效用的局限,从被赡养人效用最大化的视角研究了寿险需求,发现投保人购买寿险不仅是出于自身的需要,更是为了使其赡养人获得稳定的保障。Liwins(1989)认为保险需求与死亡率具有相关性,因而期望寿命将影响人们的寿险需求。

在理论研究的基础上,国内外学者还进行了广泛的实证分析,试图揭示寿险需求与其影响因素间的定量关系,实现对寿险需求的预测。Ken和Yashushi(2000)解释了寿险需求与居民支出之间的替代效应和诱致效应。Levin(1995)分析了收入和收入预期对寿险需求的影响,得出了两者与寿险需求正相关的结论。Livin和Emery(2002)发现,随着居民财富的增加寿险需求将下降,随着年龄的增长寿险需求将上升。Zietz、Emily和Norman(2003)基于对个人财富特征的系统性分析,发现了居民财富与寿险需求的正相关关系。James Carson M.和Robert E. Hoyt(1992)揭示了货币政策和金融市场的财富效应对寿险需求的正面影响。Outreville(1990,1988)认为教育能提高一个人的风险认知能力,因而教育水平是影响寿险需求的重要因素。Beck Webb(2002)通过对68个国家1961~2000年面板数据的分析,发现教育水平是寿险需求强有力的解释变量。

与国外学者相比,国内学术界对寿险需求的实证研究并不多。卓志(2001)以1995年前的保险业发展数据研究了我国寿险业的影响因素,发现较低的人口教育水平阻碍了我国寿险业的发展。黄佐䂀、吴凤平(2003)等通过回归分析发现,居民可支配收入、城镇人口数量等是影响我国寿险业发展的主要因素。吴江鸣、林宝清(2003)通过建立人身险保费收入与GDP、加权个人可支配收入、商品零售价格指数等变量的回归模型,发现经济发展与制度变迁是影响我国保险需求的关键因素。陈之楚、刘晓敬（2004）分析了国民生产总值、个人可支配收入、储蓄、恩格尔系数、利率和社会保障制度安排对寿险需求的影响。栾存存（2004）基于消费理论，认为收入和储蓄是寿险增长的决定变量，并通过实证分析表明收入因素是我国寿险业发展的决定性因素。张博、薛伟贤（2005）通过回归分析，得出了经济发展、城市化、居民生活水平提高和居民金融资产增加等因素强有力地推动了我国寿险业发展的结论。张芳洁（2005）通过计量分析发现，保费收入与人均可支配收入、居民储蓄存款、经济金融化程度、固定资产投资额正相关，而与税收收入、第一产业比重负相关，与通货膨胀率之间并不存在明确的相关关系。杨柯、闵晓萍（2006）认为寿险需求的主要影响因素有：期望寿命、保险费率、赡养率、收入与财富、社会保障、预期通货膨胀率及教育水平等。赵桂芹（2006）运用面板数据的分析方法，发现经济发展、教育水平、居民储蓄存款、人均可支配收入、竞争程度等因素对寿险需求有显著的正向影响。梁来存（2007）运用岭回归法、因子分析法发现寿险意识、经济增长、政府政策和产品创新是我国寿险需求的主要影响因子。

如前所述，国内外理论界虽然对寿险需求的影响因素进行了广泛的理论与实证研究，但几乎没有学者从微观的视角来研究具体险种需求的影响因素，并据此设定、改进寿险营销策略，本书试图在这方面做一些尝试性的努力。

1.2 基于 Logistic 模型的实证分析

1.2.1 模型设计及说明

本书使用的是西部某市某公司一款终身寿险的销售数据，研究的目的在于帮助营销人员在营销沉没成本既定的条件下，增强使投保人增加保额的努力的针对性，提高营销绩效。据此，本书构造了一个二分类的被解变量 Y：

$$Y = \begin{cases} 1 & \text{当投保额大于平均保额；} \\ 0 & \text{当投保额小于平均保额。} \end{cases}$$

影响 Y 取值的 m 个自变量分别为 $X_1, X_2, \cdots, X_m$。在这 m 个自变量的共同影响下,某投保人投保金额大于平均保额的条件概率为 $P = P(Y = 1 | X_1, X_2, \cdots, X_m)$,则 Logistic 回归模型可表示为:

$$P = \frac{\exp(\beta_0 + \beta_1 X_1 + \beta_2 X_2 + \cdots + \beta_m X_m)}{1 + \exp(\beta_0 + \beta_1 X_1 + \beta_2 X_2 + \cdots + \beta_m X_m)}$$

$$= \frac{1}{1 + \exp[-(\beta_0 + \beta_1 X_1 + \cdots + \beta_m X_m)]}$$

$$= \frac{1}{1 + e^{-(\beta_0 + \beta_1 X_1 + \cdots + \beta_m X_m)}} \tag{1-1}$$

其中,β_0 为常数项,$\beta_1, \beta_2, \cdots, \beta_m$ 为 $X_1, X_2, \cdots, X_m$ 的偏回归系数。

根据 Cox(1970)的方法对式(1-1)进行 Logit 变换,有:

$$\text{Logit}P = \ln\left(\frac{P}{1-P}\right) \tag{1-2}$$

通过 Logit 变换之后,由于 $-\infty < \text{logit}(P) < +\infty$,突破了 $0 \leq P \leq 1$ 的取值局限。这样,就可以 LogitP 为被解释变量在欧氏空间中进行线性回归分析。实施 logit 变换后,Logistic 回归模型可以表示成如下的线性形式:

$$\begin{aligned}
\text{Logit}P &= \ln\left(\frac{P}{1-P}\right) = \ln\left[\frac{\frac{\exp(\beta_0 + \beta_1 X_1 + \beta_2 X_2 + \cdots + \beta_m X_m)}{1 + \exp(\beta_0 + \beta_1 X_1 + \beta_2 X_2 + \cdots + \beta_m X_m)}}{1 - \frac{\exp(\beta_0 + \beta_1 X_1 + \beta_2 X_2 + \cdots + \beta_m X_m)}{1 + \exp(\beta_0 + \beta_1 X_1 + \beta_2 X_2 + \cdots + \beta_m X_m)}}\right] \\
&= \ln[\exp(\beta_0 + \beta_1 X_1 + \beta_2 X_2 + \cdots + \beta_m X_m)] \\
&= \beta_0 + \beta_1 X_1 + \beta_2 X_2 + \cdots + \beta_m X_m
\end{aligned} \tag{1-3}$$

这样,回归分析的直接目的就是要估计出 Logistic 模型中各变量的偏回归系数 $\beta_0, \beta_1, \beta_2, \cdots, \beta_m$,进而识别出那些能促使投保人增加投保额度的变量,并测度其影响力的大小。

Logistic 回归模型的参数估计常采用最大似然估计,其基本思想是先建立对数似然函数,然后求使对数似然函数取最大值时的参数值,其估计值即最大似然估计值。一般地,样本似然函数可以表述为:

第 1 章 基于 Logistic 模型的寿险需求实证研究

$$L = \prod_{i=1}^{n} P_i^{Y_i}(1-P_i)^{1-Y_i} \quad (i=1,2,\cdots,n) \qquad (1-4)$$

其中，P_i 表示第 i 位被保险人保额大于平均保额的概率。当其保额大于平均保额时，$Y_i=1$；小于平均保额时，$Y_i=0$。对式（1-4）两边取自然对数，有：

$$\ln L = \sum_{i=1}^{n} [Y_i \ln P_i + (1-Y_i)\ln(1-P_i)] \qquad (1-5)$$

根据最大似然原理，似然函数 L 应取最大值。求式（1-5）的一阶导数并令其等于 0，即 $\frac{\partial \ln L}{\partial \beta_j}=0$ 就可以求出参数 β_j。实践中多用 Newton-Raphson 迭代法求解方程组 $\frac{\partial \ln L}{\partial \beta_j}=0(j=1,2,\cdots,m)$，得出参数 β_j 的估计值 b_j。

1.2.2 变量的选择与数据来源

本书所用的数据为来自西部某市某公司一款终身寿险的销售数据，共有 325 位被保险人，其中有 21 位被保险人（包括 8 位 18 岁以下的在校学生）自报的年收入为 0。因而，在将年收入设为自变量时，有效样本数为 304。

根据样本的信息内容共选择出理论上对寿险需求有影响的 6 个自变量，即被保险人的性别、职业、年龄、学历、年收入及是否本人投保进入 Logistic 回归模型，相关变量的定义见表 1-1。在分析被保险人的学历时拟采用两种方法：第一种方法是将学历处理为等级变量，以 0、1、2、3、4 分别表示小学、初中、高中（或中专）、大专和本科 5 种学历层次；第二种方法是通过引入 3 个虚拟变量来区分小学、初中、高中（或中专）及大专以上 4 种学历层次。由于本科以上学历的被保险人非常有限，因而将其与大专学历合并使用一个虚拟变量。同样地，将中专与高中学历合并为一栏，也共同使用同一个虚拟变量。

由于被保险人的年收入项中除了 8 位在校生的年收入为 0 外，另有 13 位已工作的被保险人自报的年收入也为 0，因而，虽然 X_4 的全域为 [0 200000]，但真正有效的区间仅为 [1000 200000]。由于终身寿险的年缴保费额度是保险金额、被保险人年龄及缴费期限的确定性函数，因而不宜将其作为自变量引入

Logistic模型。在投保人是否为被保险人本人项中，除为本人外，主要有父子（女）、母子（女）及夫妻三种关系，但由于为本人者占绝大多数，故将这三种关系归于其他类中，不引入虚拟变量对其进行区分。

表1-1　　　　　寿险需求影响因素 Logistic 分析的变量表

变量名称	变量定义	预测符号
保额是否超过平均值（Y）	保额高于平均值=1 保额低于平均值=0	
被保险人性别（X_1）	男性=1 女性=0	+
被保险人职业（X_2）	室内做业=1 室外做业=0	-
被保险人投保时年龄（X_3）	$0 \leq X_3 \leq 54$（单位：周岁）	+
被保险人学历设为等级变量（X_4）	$X_4=0$、1、2、3、4，分别代表小学、初中、高中（或中专）、专科、本科 5 种学历层次	
被保险人学历设为虚拟变量 D_1、D_2 和 D_3	当学历为小学时，D1=0，D2=0，D3=0； 当学历为初中时，D1=1，D2=0，D3=0； 当学历为高中时，D1=0，D2=1，D3=0； 当学历为大专以上时，D1=0，D2=0，D3=1	+
被保险人年收入（X_5）	全域为 $0 \leq X_4 \leq 200000$； 有效区间为 $1000 \leq X_4 \leq 200000$（单位：元）	-
是否被保险人本人投保（X_6）	本人投保=1 其他人投保=0	±

1.3　计量结果分析

1.3.1　将学历设为等级变量时的模型

为便于选用基于似然比检验的前进法或后退法等为模型选择最优解释变量的建模方法，我们首先将不同学历层次设定为等级变量（见表 1-1 中的 X_4），从小学到大学本科，依次赋值为 0、1、2、3 和 4，然后建立 Logistic 模型进行分析。

从回归结果（见表 1-2）看，被保险人的职业是否为室内工作（X_2）和投保人是否为被保险人本人（X_6）两个变量即使在全模型的情况下，其系数也不显著。在基于前进法、后退法的选模型中，这两个变量也一直未能进入回归方程，说明这两个变量不是影响保额的关键因素。

表 1-2　　　　学历变量为等级变量时的 Logistic 模型回归结果

变量	全变量模型	Forward LR 模型	Forward Wald 模型	Backward LR 模型	Backward Wald 模型
Constant	-1.436	-2.684	-2.684	-1.530	-1.530
X_1	-0.559* (0.054)			-0.473** (0.096)	-0.473** (0.096)
X_2	-0.305 (0.343)				
X_3	-0.035** (0.040)			-0.027** (0.080)	-0.027** (0.080)
X_4	0.836*** (0.000)	0.800*** (0.000)	0.800*** (0.000)	0.797*** (0.000)	0.797*** (0.000)
X_5	0.000** (0.014)	0.000*** (0.008)	0.000*** (0.008)	0.000*** (0.006)	0.000*** (0.006)
X_6	0.476 (0.183)				
Omnibus test Sig.	0.000	0.000	0.000	0.000	0.000
HL test Sig.	0.047	0.031	0.031	0.060	0.060
Log-likelihood	305.216	313.481	313.481	307.895	307.895

注：（1）*** 表示系数在 1% 的水平上显著；** 表示系数在 5% 的水平上显著；* 表示系数在 10% 的水平上显著；（2）（ ）内的数值为对应系数的 P 值。

在 Logistic 模型中，系数 β_j（$j=1,2,\cdots,m$）表示在其他自变量固定不变的情况下，自变量 X_j 每增加一个单位时，优势比（OR）将改变 $\exp(\beta_j)$ 个单位。从全模型的回归结果中，我们可以看出：男性被保险人保额大于平均保额的可能性是女性被保险人的 0.572 倍；从事室内工作被保险人保额大于平均保额的可能性是从事室外工作的被保险人的 0.737 倍；年龄最大的被保险人，其保额大于平均保额的可能性是最年轻者的 0.35 倍。可见，这三个变量是被保险人投保金额大于平均保额的促减因素。学历对被保险人投保金额大于平均保额有显著地促进作用，学历高一个级别的被保险人，其保额大于平均保额的可能性是低学历者的2.308 倍，这与 Outreville（1990，1988）、Beck Webb（2002）及卓志（2001）的结论完全一致。年收入的回归系数为 0，即其优势比 OR = 1，显示年收入对被保险人投保金额是否会高于平均保额没有影响。年收入 200000 元的被保险人，其保额大于平均保额的可能性是年收入 1000 元被保险人的 1 倍，即两者的可能性无差别，这与 Kami 和 Zilcha（1986）、Livin 和 Emery（2002）的结论相吻合。投保人为被保险人本人时，其保额大于平均保额的可能性是投保人不是被保险人本人的 1.609 倍，说明我国的投保人较重视自身效用的最大化，这与 Lewis（1989）的结论相左。

由于全模型没有对自变量进行甄别与筛选，其结果仅能说明影响因素的作用方向，对实践的指导意义非常有限。为提高模型对实践的指导作用，有必要采用前进法或后退法对模型进行优化。本书选用基于似然比检验的前进法，使用该方法有两点明显的好处：其一，Walds 检验没有考虑各因素的综合影响，当变量间存在多重共线性或样本量较小时，其结果并不可靠，而似然比检验是基于整个模型的拟合情况进行的，可信度较高。其二，强制进入法和向后回归法都没有对变量之间的相互影响进行检验，而前进法在每引入一个变量时，都会考虑变量之间的相互影响。

根据似然值最大的原则，基于 Forward LR 法的 Logistic 模型最优估计结果为：

$$\text{logit} P = \ln\left(\frac{P}{1-P}\right)$$
$$= -2.684 + 0.8x_4 + 0.000x_5 \quad (1-6)$$

相应地，投保金额大于平均保额的概率预报模型为：

$$P = \frac{1}{1 + e^{(2.684 - 0.8x_4 - 0.000x_5)}} \quad (1-7)$$

最优回归结果显示，学历和年收入是保额大于平均保额的关键性影响因素。学历层次高一级的被保险人，其保额大于平均保额的可能性是低学历层次者的 3.225 倍。尽管年收入的优势比 OR = 1，但该变量总能进入回归方程，表明从整体上看，它仍是影响被保险人投保额度的关键性变量。

1.3.2 将学历层次设为虚拟变量时的模型

为更准确地考察学历因素对投保金额的影响，更好地帮助营销人员提高使投保人增加保额的努力的针对性，有必要将学历以虚拟变量形式进行处理，并建立对应的 Logistic 模型，以深入地揭示学历变量影响保额的方向和力度（见表 1-3）。

表 1-3　　　　　学历变量为虚拟变量时的 Logistic 模型回归结果

变量	全变量模型	Forward LR 模型	Forward Wald 模型	Backward LR 模型	Backward Wald 模型
Constant	-1.589	-2.054	-2.054	-2.968	-1.127
X_1	-0.562* (0.054)				
X_2	-0.342 (0.298)				
X_3	-0.034** (0.050)				-0.027** (0.072)
D_1	0.957*** (0.153)			1.106** (0.093)	
D2	1.883*** (0.005)	1.085*** (0.001)	1.086*** (0.001)	1.973*** (0.002)	1.075*** (0.001)
D3	2.753*** (0.000)	1.835*** (0.000)	1.835*** (0.000)	2.742*** (0.000)	1.806*** (0.000)
X_5	0.000** (0.020)	0.000*** (0.008)	0.000*** (0.008)	0.000*** (0.006)	0.000*** (0.006)
X_6	0.467 (0.195)				
Omnibus test Sig.	0.000	0.000	0.000	0.000	0.000
HL test Sig.	0.092	0.142	0.142	0.245	0.147
Log-likelihood	305.007	316.473	316.473	313.013	313.232

注：（1）*** 表示系数在 1% 的水平上显著；** 表示系数在 5% 的水平上显著；* 表示系数在 10% 的水平上显著；（2）（　）内的数值为对应系数的 P 值。

除表示不同学历的三个虚拟变量外，全变量模型中其他变量的系数、意义与将学历处理为等级变量时基本一致。D_1、D_2 和 D_3 的系数表明，学历对投保人提高保额有正向影响。从 EXP（B）系数可以看出，学历为初中的被保险人，其保额大于平均保额的可能性是学历为小学的被保险人的 2.603 倍；学历为高中（或中专）的被保险人，其保额大于平均保额的可能性是学历为小学的被保险人的 6.571 倍；学历为大专以上的被保险人，其保额大于平均保额的可能性是学历为小学的被保险人的 15.687 倍。可见，被保险人的学历层次是指导营销人员促使其提高保额的标识性变量，能帮助营销人员提高努力的针对性与成功的概率。

同样地，由于全模型的解释与指导意义有限，根据对数似然值最大的原则，本书选用基于似然比检验的前进法为 Logistic 模型选择了最优的解释变量。此时，基于 Forward LR 方法的 Logistic 模型最优估计结果为：

$$\text{logit}P = \ln\left(\frac{P}{1-P}\right)$$
$$= -2.054 + 1.085d_2 + 1.835d_3 + 0.000x_5 \qquad (1-8)$$

相应地，投保金额大于平均保额的概率预报模型为：

$$P = \frac{1}{1+e^{(2.054-1.085d_2-1.835d_3-0.000x_5)}} \qquad (1-9)$$

最优回归结果显示，学历和年收入仍是投保金额大于平均保额的关键性影响因素。不过，模型（1-8）和模型（1-9）显示，反映学历为初中的虚拟变量 D_1 并没有进入回归方程，说明初中学历的被保险人，其保额高于平均保额的可能性与学历为小学的被保险人并无显著的差别。学历为高中及大专以上者，其保额高于平均保额的可能性与学历为小学的被保险人则存在明显的区别。学历为高中的被保险人，其保额高于平均保额的可能性是学历为小学的被保险人的 2.958 倍；学历为大专以上的被保险人，其保额高于平均保额的可能性是学历为小学的被保险人的 6.266 倍。

1.4 结论与启示

通过建立测度不同被保险人投保金额大于平均保额概率的 Logistic 模型，本书发现，学历层次是影响重庆市被保险人寿险投保金额是否会高于平均保额的关键变量。高学历的被保险人投保金额大于平均保额的概率远高于低学历者，不同学历层次的被保险人提高保额的动力也存在明显的区别，相对于低学历者，高学历者高额投保的倾向非常明显。年收入对被保险人是否会将其保额提高到平均保额以上基本上没有影响，最高收入者保额高于平均保额的可能性只是低收入者的 1 倍，即两者间并无差异。实证结果说明，寿险营销人员在营销沉没成本既定的前提下，应主要根据被保险人的学历层次来确定是否应做出使其提高保额的努力，并根据不同的学历层次相机选择努力的强度，做到既能使被保险人提高保额，又不至于使其产生抵触情绪，实现营销成果的最大化。

第 2 章

数据的分解和平滑

任何一个序列的变动都可以视为同时受到了确定性影响和随机性影响的综合作用。平稳时间序列要求这两种影响都是稳定的，而非平稳时间序列则要求这两种影响至少有一种是不稳定的。由不稳定的确定性影响导致的序列非平稳通常表现为有非常明显的规律性，包括固定的趋势和周期等。

2.1 时间序列数据的分解

时间序列数据的分解主要是将序列所表现出来的规律性分解成不同的组成部分，常见的是将序列分解为长期趋势部分、季节变动部分和不规则波动部分。更一般的分解可能还包括长期循环部分、假期效应等，由于没有固定周期的循环与长期趋势难以区分，而有固定周期的循环与季节变动难以区分，同时诸如假期效应等并不常见于一般时间序列中。故通常仅考虑将序列分解为长期趋势、季节变动和不规则波动三部分。

（1）长期趋势。长期趋势是时间序列在较长时期中所表现出来的总态势。长期趋势变动是受某种根本性的支配因素影响，而呈现出各时期的发展水平不断递增或不断递减或水平变动的基本趋势。例如，我国自改革开放以来，GDP 序列水平呈现出不断递增趋势。

（2）季节变动。季节变动最基本的含义是指受自然界季节更替影响而发生的年复一年的有规律的变化，如销售行业具有很典型的季节波动表现。在实际分析中，季节变动概念范围更广，由于社会、政治、经济、自然因素影响形成的有规律的周期性的重复变动都称为季节变动。

（3）不规则波动。它是指现象受众多偶然性的、难以预知和人为控制的因素的影响而出现的不规则变动。

将时间序列分解为长期趋势、季节变动和不规则波动三部分后，便可将时间序列表示为这三部分的函数。模型分解方法有很多，最基本的为加法模型和乘法模型。若季节变动随着时间的推移保持相对不变，则使用古典分解加法模型，其形式为：

$$x_t = m_t + s_t + y_t \qquad (2-1)$$

其中，x_t, m_t, s_t, y_t 分别代表 t 时期的时间序列观测值、长期趋势值、季节变动值以及不规则波动。

若季节变动随着时间的推移递增，则使用古典分解乘法模型，其形式为：

$$x_t = m_t s_t y_t \qquad (2-2)$$

值得一提的是，若序列观察值的取值为正数，则乘法模型可以用关于 log（ ）的加法模型来表示，即：

$$\log(x_t) = \log(m_t) + \log(s_t) + \log(y_t) \qquad (2-3)$$

需要注意的是，应用式（2-3）通过指数化对 x_t 进行外推预测时，所得到的预测值通常是有偏的。特殊情况下，如果 y_t 服从均值为 0，方差为 σ^2 的正态分布，则无偏预测值可表示为：

$$\hat{x}_t = e^{m_t + s_t} e^{\frac{1}{2}\sigma^2} \qquad (2-4)$$

如果不服从正态分布，则其分布为负偏，就像大多数时间序列取对数后的情况，则应该采用经验调整对 x_t 进行估计。

根据上述加法模型和乘法模型的形式，可得时间序列数据分解的一般步骤。

（1）估计长期趋势成分（m_t），有两种方法可用于估计：

第一种方法未对长期趋势做任何方程形式的设定，通过数据平滑方法进行估计，如移动平均方法。

第二种方法则通过对长期趋势模拟回归方程加以估计。

（2）将原来的时间序列数据去趋势化。根据第一步估计的长期趋势部分，若拟合的为加法模型，则将原来的时间序列减去长期趋势成分（$x_t - m_t$）；若拟合的为乘法模型，则将原来的时间序列除以长期趋势成分（$x_t - m_t$），即得到去趋势化的时间序列数据。

（3）根据去趋势化的时间序列数据，估计时间序列的季节变动（s_t）。对于月度数据，需要估计每个月度的季节效应；对于季度数据，则需要估计每个季度的季节效应。最简单的估计方法是对去趋势化的时间序列做特定季节的平均。以月度数据为例，若要估计1月的季节效应，则通过取1月的去趋势化数据平均得到，也可以通过 Holt-Winters 方法估计得到。另外，对于加法模型，通常将估计得到的每季节的季节因子标准化总和为0；对于乘法模型，则标准化为总和为季节周期长度。

（4）根据估计得到的长期趋势变动成分和季节变动成分，可得到不规则波动成分。对于加法模型，不规则波动部分表示为（$x_t - m_t - s_t$）；对于乘法模型，则表示为（$x_t/m_t s_t$）。

时间序列数据的古典分解方法目的是估计和提取确定性成分 m_t 和 s_t，从而得到平稳的噪声成分。

关于长期趋势变动成分和季节变动成分的估计，需要用到时间序列数据平滑的方法。利用 R 软件，对人身险保费收入序列进行乘法模型分解。Decompose 函数使用移动平均方法估计趋势和季节效应。图2-1描绘了人身险保费收入月度序列乘法模型分解的直观图，其中，Observed 代表原来序列，Trend 代表长期趋势，Seasonal 代表季节变动，Random 代表不规则波动。

由于数据过于密集，图2-1中的季节因素看起来并不明显。图2-2将对应的数据转化为季节数据后，季节趋势就表现得非常明显。

关于长期趋势变动成分和季节变动成分的估计，需要用到时间序列数据平滑的方法。对人身险保费收入序列进行加法模型分解。Decompose 函数使用移动平均方法估计趋势和季节效应。图2-3描绘了人身险保费收入月度序列加法模型分解的直观图，其中，Observed 代表原来序列，Trend 代表长期趋势，Seasonal 代

第 2 章 数据的分解和平滑

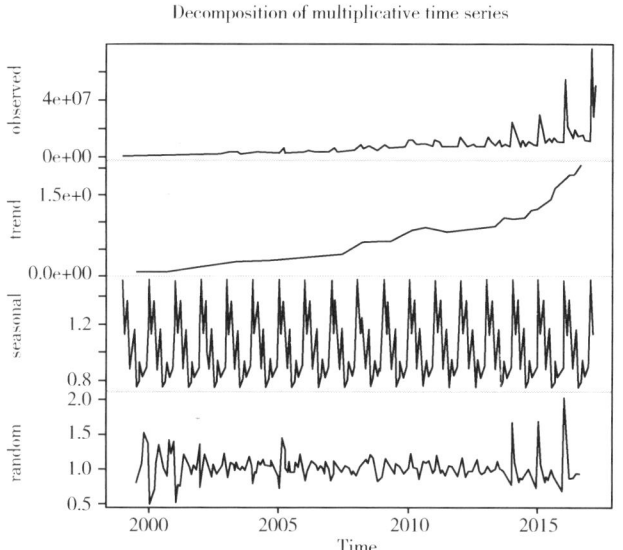

图 2-1 我国人身险保费收入序列乘法模型分解图（1999 年 1 月至 2016 年 12 月）

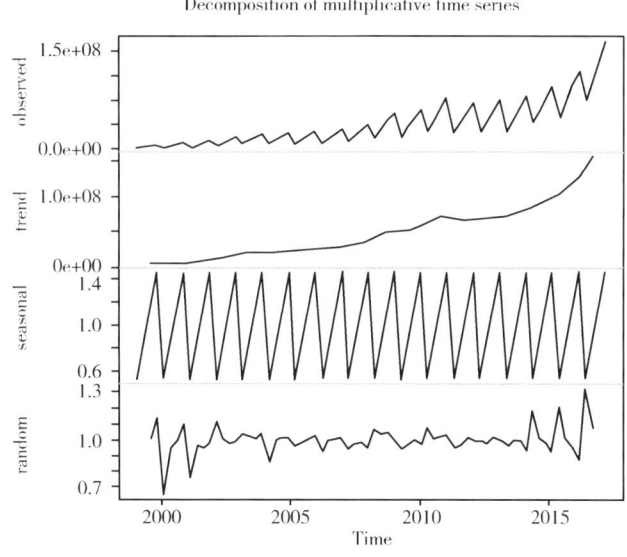

图 2-2 我国人身险保费收入序列乘法模型分解图（1999 春季至 2016 冬季）

表季节变动，Random 代表不规则波动。

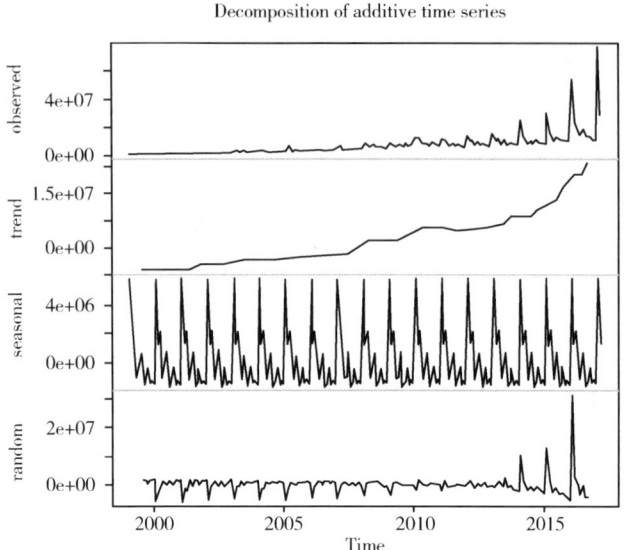

图2-3 我国人身险保费收入序列加法模型分解图（1999年1月至2016年12月）

2.2 移动平均方法

移动平均方法是时间序列数据平滑的一种常用方法，通过取该时间序列特定时间点周围一定数量的观测值的平均来平滑时间序列不规则的波动部分，从而显示出其特定的变化规律。特别地，对于含有季节变动的时间序列，移动平均法是平滑其季节变动部分，显示出序列本身的长期趋势。因此，通过移动平均法平滑的时间序列可看作是原序列长期趋势变动序列，按方式不同，可分为中心化移动平均法、简单移动平均法和二次移动平均法。

2.2.1 中心化移动平均法

中心化移动平均法为时间序列平滑最常用的方法。它通过以时间序列特定时间点为中心取其前后观测值的平均值作为该时间点的趋势估计值。需要注意的

第 2 章 数据的分解和平滑

是，移动项数的选择对移动平均法产生影响。若采用奇数项移动平均，以三项为例，第一个移动平均值为：

$$\hat{m}_2 = \frac{x_1 + x_2 + x_3}{3} \tag{2-5}$$

此时的移动平均值可作为时期 2 的趋势估计值，以此类推。因此，采用奇数项求移动平均，只需移动平均一次就得到长期趋势估计值；采用偶数项求移动平均，以四项为例，第一个移动平均值为：

$$\hat{m}_{2-3} = \frac{x_1 + x_2 + x_3 + x_4}{4} \tag{2-6}$$

此时的移动平均值位于时期 2 和时期 3 之间，同理，第二个移动平均值位于时期 3 和时期 4 之间。由于我们需要得到整数时期的移动平均值，故需要在进行一次移动平均，将第一个移动平均数与第二个移动平均数再平均，即：

$$\hat{m}_3 = \frac{\hat{m}_{2-2} + \hat{m}_{2-3}}{2} = \frac{0.5x_1 + x_2 + x_3 + x_4 + 0.5x_5}{4} \tag{2-7}$$

此时的移动平均值可作为时期 3 的趋势估计值，以此类推。因此，采用偶数项求移动平均，在求序列估计值时，需要移动平均两次。

在实际时间序列趋势分析中，移动平均应能消除季节波动的影响，故移动平均项数一般应等于季节周期的长度。在常见的季度数据中，移动平均项数应为 4，此时需要移动平均两次，t 时期的趋势估计值为：

$$\hat{m}_t = \frac{0.5x_{t-2} + x_{t-1} + x_t + x_{t+1} + 0.5x_{t+2}}{4}, = t = 3,4,\cdots,n-2 \tag{2-8}$$

同理，在月度数据中，移动平均项数应为 12，此时 t 时期的趋势估计值为：

$$\hat{m}_t = \frac{0.5x_{t-6} + x_{t-5} + x_{t-4} + x_{t-3} + x_{t-2} + x_{t-1} + x_t + x_{t+1} + x_{t+2} + x_{t+3} + x_{t+4} + x_{t+5} + 0.5x_{t+6}}{4}, t = 7,8,\cdots,n-6 \tag{2-9}$$

采用中心化移动平均法对 1999~2017 年人身险投保额的月度数据进行平滑，具体操作及结果如图 2-4 所示。

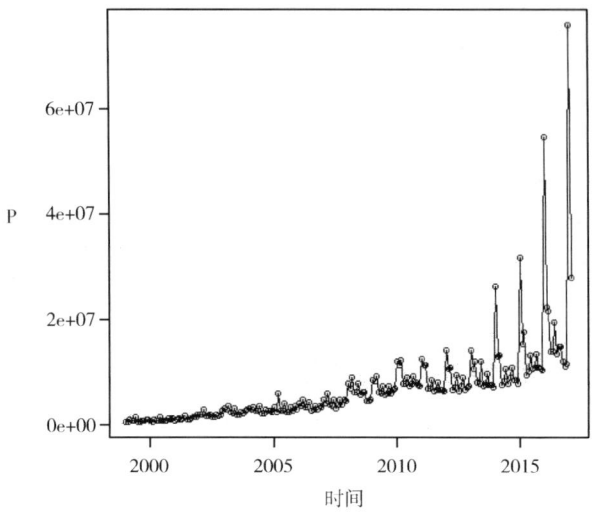

图 2-4 人身险保费收入中心移动平均

2.2.2 简单移动平均法

简单移动平均法也称为一次移动平均法，是时间序列平滑的另一种广泛应用的方法。它通过取时间序列特定时间点之前固定长度观测值的平均值（包括该时间点的观测值）作为该时间点的长期趋势估计值。该方法较适合于未含有明显趋势的时间序列数据的平滑。具体来说，t 时期的 n 项简单移动平均值为：

$$\hat{m}_t = \frac{x_{t-n+1} + x_{t-n+2} + \cdots + x_{t-1} + x_t}{n}, t = n, n+1, \cdots \quad (2-10)$$

移动平均项决定了序列的平滑程度，移动平均项数多，序列的平滑效果强，但对序列变化的反应较为缓慢。相反，移动平均项数少，序列的平滑效果弱，但对序列变化的反应迅速，同时，移动平均得到的序列，比原序列的项数少。以 n 项简单移动平均为例，移动平均后的序列从第 n 项开始，相比于原序列，会造成信息的丢失，因此移动平均的项数不宜过大。与中心化移动平均相同，在实际时间序列趋势分析中，若存在季节变动，一般令移动平均项数等于季节周期的长度。例如，在季度数据中，移动平均项数为 4，t 时期的趋势估计值为：

$$\hat{m}_t = \frac{x_{t-3} + x_{t-2} + x_{t-1} + x_t}{4}, t = 4, 5, \cdots \quad (2-11)$$

而在月度数据中,移动平均项数为 12,t 时期的趋势估计值为:

$$\hat{m}_t = \frac{\begin{array}{c} x_{t-11} + x_{t-10} + x_{t-9} + x_{t-8} + x_{t-7} + x_{t-6} + x_{t-5} \\ + x_{t-4} + x_{t-3} + x_{t-2} + x_{t-1} + x_t \end{array}}{12}, t = 12, 13, \cdots \quad (2-12)$$

简单移动平均法除了用于平滑时间序列外,还能用于时间序列的外推预测,但一般仅用于时间序列的向前一步预测,以 n 项简单移动平均为例,t 时期的向前一步预测值为:

$$\hat{x}_t(1) = \frac{x_t + x_{t-1} + \cdots + x_{t-n+1}}{n}, t = n, n+1, \cdots \quad (2-13)$$

采用简单移动平均法对 1999~2017 年,人身险赔付支出月度数据进行平滑,具体操作及结果如图 2-5 所示。

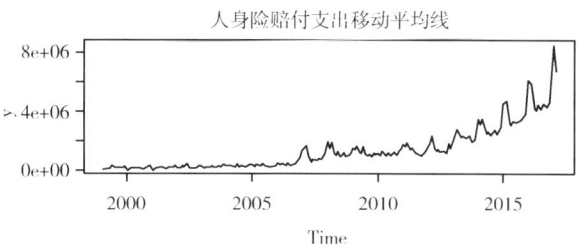

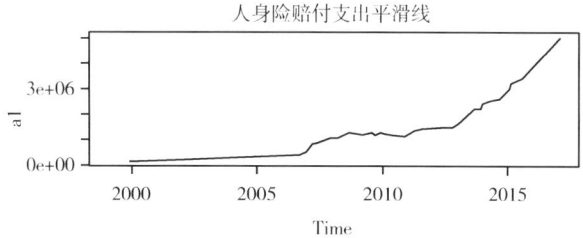

图 2-5 人身险赔付支出移动平均线和平滑线

2.2.3 二次移动平均法

若时间序列存在明显的线性趋势,即序列观测值随着时间的变动呈现出每期递增 b 或递减 b 的趋势,由于随机因素的影响,每期的递增或递减不会恒定的为 b,b 值会随着时间变化上下波动。若使用简单移动平均法,得到的平滑值相比于实际值会存在滞后偏差,此时应使用二次移动平均法对时间序列进行平滑。二次移动平均法是在简单移动平均法得到的序列基础上进行的一次移动平均。具体来讲,以 n 项移动平均为例,t 时期的二次移动平均值为:

$$\hat{m2}_t = \frac{m1_{t-n+1} + m1_{t-n+2} + \cdots m1_{t-1} + m1_t}{n}, t = 2n-1, 2n, \cdots \quad (2-14)$$

其中,M1 为 t 时期的简单移动平均值。需要注意的是,两次移动平均的项数一般应该相等。移动平均数的选择决定了时间序列的平滑程度,其原理与简单移动平均相同。与简单移动平均后的序列从第 n 项开始不同,二次移动平均后的序列是从第 2n-1 项开始。

根据两次移动平均后的序列,即可得到原序列的长期趋势变动序列,也称为水平值序列以 $\{a_t\}$ 表示,以及斜率变化序列,以 $\{b_t\}$ 表示。两者服从如下的变化过程:

$$\begin{cases} a_t = 2m1_t - m2_t \\ b_t = \frac{2}{n-1}(m1_t - m2_t) \end{cases} \quad (2-15)$$

其中,$m1_t$,$m2_t$ 分别表示 t 时期的简单移动平均值和二次移动平均值;n 表示移动平均的项数。

二次移动平均法也常用于时间序列的外推预测。根据两次移动平均计算的在 t 时期的水平值 a_t 和斜率值 b_t,可得在时期 t 任何 1 步向前预测值(1)为:

$$\hat{x}_t(1) = a_t + b_t l, l = 1, 2, \cdots \quad (2-16)$$

采用简单移动平均法对 1999~2017 年,人身险保费收入月度数据进行平滑,具体操作及结果如图2-6所示。

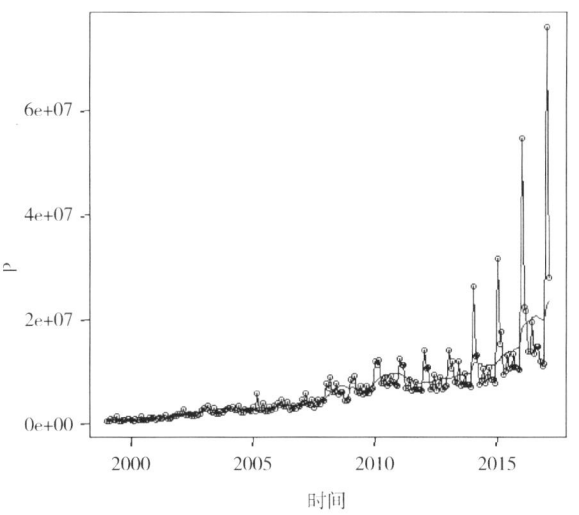

图2-6 人身险保费收入二次移动平均

2.3 指数平滑方法

移动平均法实际上是用一个加权平均数作为序列某一期的趋势估计值。以 n 期简单移动平均为例，t 时期的趋势估计值为 t 时期前 n 期的序列观测值的简单平均，这也就假定了无论时间的远近，这 n 期的观测值对 t 时期的影响都是一样的。指数平滑法也是一种加权平均方法，与移动平均法不同的是，指数平滑法考虑了时间的远近对 t 时期趋势估计值的影响，时间间隔越大，影响就越小，各期权重随时间间隔的增大呈指数递减形式。根据时间序列数据不同的波动形式，可采用不同的指数平滑方法。

2.3.1 简单指数平滑法

简单指数平滑法（指数加权移动平均）为指数平滑法最基本的形式，该方法假定时间序列数据未含有季节变动因素且不存在系统的趋势变化,即在当期我们无法确定下期可能的趋势变动方向。其基本公式为 t 期的序列平滑值(长期的趋势估计值)等于 t 期的序列观测值和 t-1 期的序列平滑值的加权平均,即:

$$\widetilde{x_t} = ax_t + (1-a)\widetilde{x_{t-2}}, 0 < a < 1 \qquad (2-17)$$

其中,a 为平滑系数,其取值介于 0 和 1 之间,也可以表示为另一种形式。式(2-17)实际上是一个递归公式,通过对平滑值的反复迭代,可以得到:

$$\begin{aligned}\widetilde{x_t} &= ax_t + (1-a)\widetilde{x_{t-1}} \\ &= ax_t + (1-a)[ax_{t-1} + (1-a)\widetilde{x_{t-2}}] \\ &= \cdots \\ &= ax_t + a(1-a)x_{t-1} + \cdots + a(1-a)^{t-1}x_1 + (1-a)^t \widetilde{x_0} \qquad (2-18)\end{aligned}$$

在该式的表达形式下,我们可以明显地看出 t 时期的序列平滑值是历史观测值的加权平均,且由于 $0 < a < 1$,权重 $(1-a)^i$ 随着 i 的增大呈指数变小,这也是指数平滑法的思想所在。对于四个不同的平滑系数值,历史观测值的权重如表 2-1 所示。

表 2-1　　　　　　　　不同平滑系数下预测值的权重

a	0.1	0.3	0.5	0.9
x_t	0.1	0.3	0.5	0.9
x_{t-1}	0.09	0.21	0.25	0.09
x_{t-2}	0.081	0.147	0.125	0.009
x_{t-3}	0.0729	0.1029	0.0625	0.0009

根据(式 2-18),简单指数平滑公式面临确定初始值和平滑系数 a 的取值问题。初始值的确定有多种方法,最简单且最常用的方法是指定 $\widetilde{x_t} = x_0$。而 a 的取值则决定了平滑的程度,如果接近于 1,$\widetilde{x_t}$ 则接近于 x_t,平滑的程度弱,适合于趋势变化迅速的序列;如果接近于 0,则 $\widetilde{x_t}$ 接近于 $\widetilde{x_{t-1}}$,平滑的程度强,适合于趋势变化缓慢的序列。经验表明优先的值 a 介于 0.1~0.5。软件 R 能提供平滑

系数的估计值，通过最小化 1 步预测误差的平方和估计得到。

指数平滑公式的另一种形式是一定比例预测误差之和，即：

$$\widetilde{x_t} = \widetilde{x_{t-1}} + a(x_t - \widetilde{x_{t-1}}) \quad (2-19)$$

简单指数平滑方法虽为时间序列数据平滑的一种方法，但其主要应用于时间序列数据的外推预测。由于该公式假定时间序列数据未含有季节波动因素和系统性趋势变化，对应模型为常数过程 $x_t = \mu + \varepsilon$，其中 μ 由 x_t 估计得到，则在 t 时期的任何向前 1 步预测都等于 t 时期的序列平滑值，即：

$$\hat{x}_t(1) = x_t, l = 1, 2, \cdots \quad (2-20)$$

运用 Holt Winters 对 1999~2017 年人身险保费收入月度数据进行预测，具体操作如图 2-7 所示。

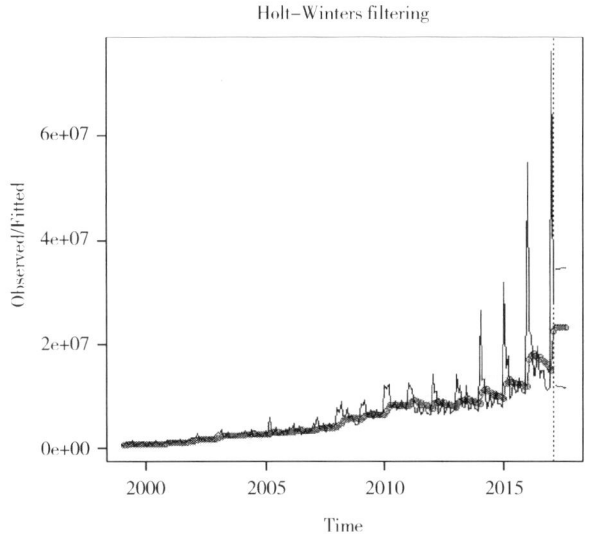

图 2-7 月度人身险保费收入 Holt Winter 预测

估计出的平滑系数及平滑值。结果显示，平滑系数为 0.1235828。2017 年 3 月的平滑值为 22989397。出于比较的目的，计算出平滑系数为 0.5 时的平滑值，结果平滑值为 35845457。最后，对未来六期进行预测，预测结果如图 2-8 所示。

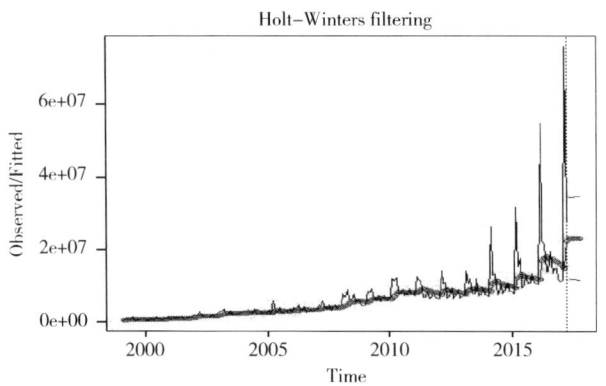

图 2-8 不同平滑系数下月度人身险保费收入的预测

2.3.2 Holt 线性指数平滑法

简单指数平滑法考虑的时间序列仅是时间序列里最简单的一种形式，在现实世界中，许多时间序列存在系统趋势变化。如对于新产品的销售，其销售额最初是上涨的，随后渐渐趋于稳定，到最后若有新的竞争者加入则其销售额最终下降。Holt 线性平滑法便是用于平滑该类时间序列的一种方法。在不考虑季节变动部分的情况下，Holt 线性指数平滑法假定了时间序列数据存在一个比较固定的线性趋势。具体来讲，假设 a^t 为 t 时期时间序列 x_t 的水平值（亦即长期趋势估计值），b_t 为 t 到 t+1 时期的斜率变化值，则在 t+1 时期的时间序列数据预测值为：

$$x_{t+1} = a_t + b_t \tag{2-21}$$

水平值 a^t 的变化满足方程：

$$a_t = \alpha x_t + (1-\alpha)(a_{t+1} + b_{t+1}) \tag{2-22}$$

与简单指数平滑公式相比，式（2-22）考虑了时间序列的斜率变化。同时，斜率变化序列 $\{b^t\}$ 也服从一个相似的简单指数平滑过程，即：

$$b_t = \beta(a_t - a_{t-1}) + (1-\beta)b_{t-1} \tag{2-23}$$

可见，t 时期的斜率变化值为 t 时期与 t－1 时期的序列水平值的差值和 t－1 时期的斜率变化值的加权平均。由以上两式相互决定，共同组成了 Holt 线性指数平滑公式。

与简单指数平滑方法一样，Holt 线性指数平滑法 α、β 以及初始值 a^0、b^0 的确定问题。其中，平滑指数 α、β 决定了平滑程度，其确定方法与简单指数平滑方法相同；对于初始值 a^0、b^0 的确定有很多的方法，其中最常用且最简单的方式是指定 a^0 = x1，b^0 = x2－x1。

Holt 线性指数平滑法也可以用于时间序列的外推预测。利用 t 时期的时间序列水平值 a^t 与斜率变化值 b，任何 1 步向前预测值 $x_t(L)$ 可表示为：

$$x_t(L) = a_t + b_t l, l = 1, 2, \cdots \cdots \quad (2-24)$$

2.3.3 Holt-Winters 指数平滑法

简单指数平滑法和 Holt 线性指数平滑法均是在不考虑季节波动部分下对时间序列数据进行修匀的方法，但在现实中，还存在更多的是包含季节变动部分的时间序列。对包含季节变动的时间序列进行平滑的常用方法为 Holt-Winters 指数平滑法，Holt-Winters 指数平滑法是在 Holt 线性指数平滑法的基础上考虑季节变动的影响，可采用加法形式或乘法形式。对于时间序列数据 $\{x^t\}$，以加法模式为例，Holt-Winters 指数平滑法的一般公式为：

$$
\begin{aligned}
a_t &= \alpha x_t - s_{t-p} + 1 - \alpha\, a_{t-1} - b_{t-1}\, 1 \\
b_t &= \beta a_{t-1} - a_{t-1} + 1 - \beta\, b_{t-1}\, 2 \\
s_t &= \gamma\, x_t - a_t + 1 - \gamma\, s_{t-p}\, 3
\end{aligned} \quad (2-25)
$$

其中，a_t，b_t，s_t 分别代表 t 时期的序列水平值、斜率值和季节因子；αβλ 为平滑系数，介于 0 与 1 之间；p 为季节变动的周期长度。如式（2－25）所示，Holt-Winters 指数平滑法水平方程与趋势方程与 Holt 线性指数平滑法相类似，不同用的是 Holt-Winters 指数平滑法考虑了季节变动的影响。季节方程所示 t 时期的季节变动值为 t 时期序列观测值和水平值的差值和 t－p 时期的季节变动值的加权平均。关于初始值 a0, b0 以及平滑系数 αβλ 的确定原则与前述指数平滑法确定类似，而季节变动初始值 s1, s2, …, sp 的确定，一般用过经验估计或者直接变为 0。

若时间序列数据分解采用乘法模型，则 Holt-Winters 指数平滑的过程与加法模型类似，不同的是，加法模型在扣除因素影响的时候采用的是减法，而乘法模型采用的是除法，故在乘法模型下，Holt-Winters 指数平滑法的一般公式为：

$$a_t = \alpha \left(\frac{x_t}{s_{t-p}} \right) + (1 - \alpha)(a_{t-1} + b_{t-1})$$
$$b_t = \beta (a_t - a_{t-1}) + (1 - \beta) b_{t-1}$$
$$s_t = \lambda \frac{x_t}{a_t} + (1 - \lambda) s_{t-p} \qquad (2-26)$$

季度人身险保费收入的实际值和拟合值如图 2-9 所示。

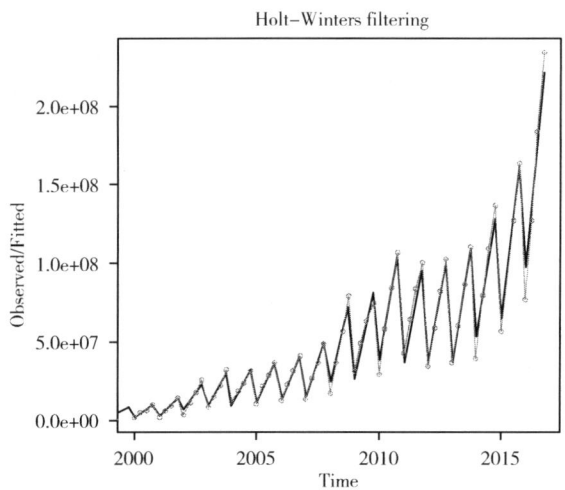

图 2-9 季度人身险保费收入的实际值和拟合值

Holt-Winters 指数平滑法也可以用于外推预测。在加法模型下，t 时期向前 1 步预测值：

$$x_t(L) \text{ 为 } x(L) = a_t + b_t l + s_{t+1-p}, l \leqslant p \qquad (2-27)$$

在乘法模型下则为：

$$x_t l = (a_t + b_t l) s_{t+1-p} \quad l \leq p \tag{2-28}$$

其中，a_t，b_t 分别为 t 时期的序列水平值和趋势值；s_{t+1-p} 为 t+1-p 时期的季节变动值，举例来说，对于月度数据，若 t+1 发生在一月，那么 s_{t+1-12} 为上一年一月份季节变动估计值，式（2-27）和式（2-28）给出的步长 l 小于季节波动周期 p 的预测方程，实际上，该预测方程可以被扩展为应用于任何步长位于 (m-1)p+1 和 mp 之间（m≥2），但对应节变动值应调整为 $s_{t+1-(m-1)p}$。

季度人身险保费收入的实际值和预测值如图 2-10 所示。

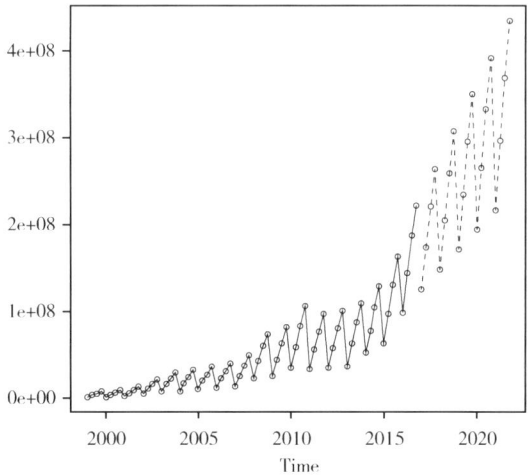

图 2-10 季度人身险保费收入的实际值和预测值

第 3 章

保险社会管理功能论争鸣述评

3.1 引言

　　保险理论是保险实践的先导,保险实践推动着保险理论的发展,保险业的发展,离不开对基础保险理论的探索和研究。进入 21 世纪后,我国保险业步入了阶段性调整阶段,面临着很大的困难与压力,亟需保险理论的指导。保险业在改革发展的实践中出现了许多新情况、新问题,新的保险实践更是呼唤新的保险理论。2003 年,我国保险界提出了现代保险不仅具有经济补偿和资金融通功能,更具有社会管理功能的观点。新观点的提出在保险界引起了很大的反响,激起了一股新的保险功能研究热潮。支持者认为,新观点是对保险实践的新认识、新概括,是对保险理论的新发展,是对保险业参与社会管理并发挥重要作用的科学总结。反对者则认为,现代保险的本质并没有发生变化,它仍然只是政府管理社会的工具,不能将其作为工具的作用上升为其本身具有的功能。

　　本书分析了争鸣双方立论的基础,论证的脉络,力图揭示各自的优势与不足。通过总结、比对双方的论述,笔者认为,本质稳定而表现本质的功能却相对多变,本质未变与功能增加并不冲突;功能的历史属性、由单一到多元、单纯到复杂的演进性证明了功能的动态发展性,但不能保证新功能的诞生;保险社会性的增强、融入社会广度和深度的加大、功能发挥领域的拓展、能量的强化等都表明了保险重要性的增加,但并不能证明新功能的存在;保险公司仅是政府社会管理职能的外部承包商,有助于政府履行其社会管理职能,但其本身并不具有自主的社会管理功能。在发展保险功能的过程中,应努力抑制必要条件变为充分条件,化可能性为必然性的冲动,但也要防止永远停留于可能性上的僵化。

3.2 本质未变功能增加的理论困惑

3.2.1 保险本质界定上的巨大分歧

学术界在保险基础理论上存在的巨大分歧直接导致了对保险功能认识的不同,其中对保险本质界定的分歧最为突出。国内外保险理论研究都遵循保险本质、功能、作用的大方向逐步展开,这是保险理论研究的一般范式。但理论界在如何界定保险本质上的分歧巨大,国外有"十九大学派"之说,国内也有"四大关系"之别。基于保险本质的界定是保险功能研究的前提,在此有必要整理、总结一下国内学术界相关的最新观点。

保险劳务或服务商品说。保险劳务商品说认为,保险是劳务商品的一种形态,是用来交换的经济保障劳务(张旭初,1986)。保险的本质是经济保障,即分散风险与损失补偿的统一,是表现、衡量和实现保险商品价值时所起的作用(魏华林,2004)。保险服务商品说认为,保险的本质是保险自身所固有的特殊性质的矛盾,以及由该矛盾所决定的经济补偿(给付)职能和对社会经济保障作用的统一(刘茂山,2003)。保险商品体现为一系列复杂的业务组合,主要反映为保障业务和服务业务,是保险人付出咨询服务、业务处理服务和投资服务等有形服务和附加商品在内的一种服务性商品(祝向军,2005)。劳务商品说和服务商品说虽表述不同,但内容一致,都是基于保险公司组织经济补偿功能的商品化演绎保险商品说。两者都对"劳务"或"服务"的概念进行了泛化,强调了保险公司提供的营销服务,忽视了保险商品这个营销对象,即强调了保险业务的形式而忽视了内容。

保险本位商品说。保险本位商品说认为,保险是特殊分配关系的商品化。保险本质是保险经济现象质的规定性，即多数单位和个人为了保障经济生活的安定，以参与平均分担少数成员因偶发的特定危险事故所致损失的补偿过程中形成的互助共济价值形式的分配关系（林宝清，2006）。与前两者不同，保险本位商品说是基于保险经济补偿功能的商品化演绎保险商品说，强调了保险商品"或有债权"的特征，指出了"保险分配权"或"保险索赔权与获赔权"才是保险公司出售的商品，明确划清了保险公司提供的服务与销售商品间的界线。

3.2.2 保险本质没有改变，本质决定功能，功能表现本质

虽然争鸣双方在保险本质界定上的分歧难见统一，但都认为，尽管保险商品的形式会随着商品经济的发展而不断变化，但现代保险的本质并未改变。双方关于本质决定功能，功能表现本质的观点也未变化。

现代保险的本质没有发生变化。早在2000年刘茂山就指出，只要保险自身所固有的特殊性矛盾的性质不改变，其本质就不会改变。魏华林也认为，只要是商品经济，不管其处于什么阶段或具有什么样的形态，保险的本质就不会变化（魏华林，2004）。还有学者指出，保险具有的自然的和基础的一般规范性，经过岁月的流逝、保险的实践、时代的变迁和学术的争鸣并没有丧失和变化（卓志，2004）。反对者要求支持者应首先阐明现代保险本质究竟有哪些变化，间接地表达了同样的观点（林宝清，2004）。另有学者指出，现代保险并无大的创新，其本质仍然是一种分配关系的商品化，不可能有根本性的改变（吴成良等，2004；李诗源，2005）。本质决定功能，功能表现本质。保险质的规定性决定了保险所特有的职能，保险的职能是保险本质的外在体现（刘茂山，2000）；保险本质决定保险功能，保险功能反映保险本质，是保险本质的表现形式（魏华林，2004）；保险本质决定保险功能，保险功能是保险本质的客观要求并表现保险本质（林宝清，2004）；保险的存在及其价值，从质上规定了职能与功能的方向与形式（卓志，2004）。

理论界坚持本质决定功能，功能表现本质，并一致认为现代保险的本质未变。但在如此一致的论述下，却又得出了现代保险具有社会管理等新功能的结

论，不可避免地带来了理论上困惑。无论是支持者，还是反对者都没有正面解决这个困惑，给出令人信服的解释。笔者认为，本质由事物的组成元素及元素间的结构决定，是内在的，相对稳定的；功能则由事物的本质决定，是外在的、多变的，不能认为保险本质未变则功能必然不会发生变化。在坚持保险本质的基础上，按照保险本质、功能和作用的大方向发展和创新保险功能是合理的、必要的，但偏离这个大方向，撇开本质对功能发展的制约就会制造真正的理论混乱。

3.3 历史属性与社会管理功能的产生

争鸣双方都认为，保险功能在实践中不断发展，不断丰富，是一个历史演变和实践发展的过程，具有历史范畴性。但对是否可以基于此发展出保险的新功能，双方出现了严重的分歧。支持者认为，保险功能是一个由单一到多元、由单纯到复杂动态的历史演进过程，保险演进到现代阶段后应该具有了社会管理功能。反对者则认为，随着保险分配关系内涵量的不断丰富，保险功能也会随之丰富起来，但现代保险的本质并未改变，功能也未增加。

3.3.1 支持者认为演进到现代阶段后，保险具有了社会管理功能

保险功能是一个动态的历史演进过程。1980年代，我国的财产保险得到了快速发展，当时保险的功能主要表现为经济补偿；1990年代以来，随着寿险业的快速发展，保险的资金融通功能得到了发挥；进入20世纪后，保险的社会管理功能开始被认识（吴定富，2004）。可见，社会管理功能不是随保险的产生而产生的，而是保险发展到一定阶段的历史产物。保险产品的不断发展使保险功能在范畴上得以扩展，在深度上得以升华。保险功能的内容逐渐从单一走向多元，形式也从保险关系的内部走向外部，走向社会。现代保险通过其日常经营管理活动，实现着服务社会、参与社会管理的目标，发挥着社会管理的功能（魏华林，2004）。其他学者也有类似的论述。保险的派生职能与功能在特定的历史条件下

产生,也会随着历史的演进和时代的发展而发展与完善(卓志,2004);保险功能的拓展源于经济体系的复杂化演进,是一个动态的演化过程(孙祁祥等,2004);保险功能是一个由单纯走向复杂的历史演变和实践发展的过程(周道许,2006)。

3.3.2 反对者认为现代保险的本质未变,功能也未增加

保险功能是一个动态的历史演进过程,但这种演进并没有使现代保险的本质和形式发生重大的改变,保险功能并未增加。反对者也认为,保险功能并不是一成不变的,它会随着保险本质的变化而变化,随着保险分配关系的改变会产生新的功能。保险的发展过程也是保险功能的演变过程,每当商业保险形式发生重大变化时,保险功能也必定发生相应的改变(李诗源,2005)。反对者还指出,随着保险分配关系内涵量的不断丰富,保险功能必然也随之丰富起来,但只有保险本质和形态有了新的发展,才能演绎保险是否具有新的功能(林宝清,2004)。现代保险虽然大大丰富了保险功能的内涵,但其本质仍然只是一种分配关系的商品化,并不具有社会管理功能(吴成良等,2004)。

3.3.3 双方在历史属性上论述的缺陷与不足

保险功能的历史范畴性可以概括为五个方面的历史。一是保险运作模式转变的历史,自行会保险、合作保险、相互保险、商业保险到国家保险、社会保险等,保险运作或经营模式不断转变,"互助"的范围和能量不断拓展。二是经营技术提高的历史,保险精算、资产管理和金融工程等技术先后被引入保险实践,放大了保险功能的能量,提升了保险服务的质量。三是保险广化和深化的历史。随着人类社会前进中的主要风险先后由海上风险、火灾风险、财产风险、人身风险、信用风险到责任风险的转变,由单个的偶发性风险转为系统的巨灾风险,由静态走向动态,新险种大量涌现,保险覆盖的领域不断拓展,保险的"互助性"开始向保险关系人外的社会扩展、延伸,影响程度不断深化,功能不断强化。四

是风险管理工具的历史。随着现代社会巨灾风险的增多、动态损失的放大,全社会在风险面前形成了利益共同体,保险不再仅是个人、企业的风险管理手段,已成为国家管理社会的一种工具。五是功能派生或衍生的历史。支持者认为保险先后具有了经济补偿、资金融通和社会管理三大功能;反对者认为保险先后具有了分散危险、补偿损失、积蓄保险基金和监督危险四个功能。

显然,支持者认为,由于保险功能的演进,其内容从单一走向多元,从单纯走向复杂,形式从保险关系内部走向外部,走向社会,在范畴上不断得到扩展,在深度上不断得到升华,现代保险应该具有了社会管理功能。但演进性仅说明了量变的持续性,不能保证质变的存在性,它只是保险功能增加的必要条件而非充分条件。经营模式的转变、经营技术的提高、保险的深化与广化、风险管理工具层级的提升等都能强化、深化,但不必然升华保险的功能。保险期货和保险期权等只是保险经营的新形式、新创造,不仅没有改变保险的本质,反而有利于分散保险风险,扩大承保能力,以更好地发挥其补偿职能和保障作用(刘茂山,2000)。可见,先进的经营手段能强化但不一定增加保险的功能。反对者根据保险是经济分配关系的性质认为,必须从保险分配关系的历史和现状上考察保险功能的发展。随着保险分配关系内涵量的不断丰富,保险功能也随之丰富起来。低级形态的保险只有分散危险与补偿损失两个功能,现代保险具有分散危险、补偿损失、积蓄保险基金和监督危险四个功能。可见,"丰富"仅说明了量变的存在,但量变的积累必然导致质变的发生,不断的"深化"能带来一定的"升华",从而使保险从低级形态走向高级并衍生出新的功能。正如前文所述,功能的演进即使没有使现代保险的本质和形式发生重大的改变,保险依然可能衍生出新的功能。

综合双方的论述,支持者以功能的"升华",反对者以保险形态"升级"两个模棱两可的词语来刻画保险功能的飞跃或质变,都没有给出质变的临界水平或标准,这必然导致保险功能发展上的各持一词,在随意"升华"与永远"深化"之间摇摆。此外,不断"丰富"、"升华"的过程至少会导致保险本质的局部性质变,本质永恒不变说有"形而上学"的嫌疑。

3.4 社会属性与社会管理功能的存在

争鸣双方都认为，保险需要为社会发展服务，具有社会性。但对是否可以基于此发展出新的保险功能，双方出现了严重的分歧。支持者认为，现代保险渗透到经济的各行各业、社会的各个领域、生活的各个方面，具有了社会管理功能。一旦保险业内部出现问题，影响到功能的正常发挥，就会波及社会的各个领域，导致社会混乱。反对者则认为，保险的社会性反映了保险融入社会广度和深度的不断增加，但重要性的增强并不意味着功能的增加。

3.4.1 支持者认为保险有很强的社会属性，具有社会管理功能

支持者主要从四个方面论述保险的社会属性，最后得出保险具有社会管理功能的结论。一是现代保险深深融入社会。社会管理功能是保险深入到社会生活的诸多层面之后产生的一项重要功能（吴定富，2004b）；当保险逐步成为社会再生产过程中一个不可缺少的环节时，保险的经营管理就自然而然地成为社会管理的一个组成部分，保险就应该发挥其固有的社会管理功能（魏华林，2004）；保险所涉及或处理的关系具有广泛性、普通性，尽管保险研究的基础是单个的个体或事件，但是它反映的是群体特性而不是个体特性。保险关系是一种保险交易相关者之间存在的相互影响、相互作用的关系，这种相互关系和影响对社会具有极强的传递性，这种关系还存在一定的内在规律（李有祥，2004）。二是较之其他行业，保险对社会的管理具有全局性和系统性。从某种意义上来说，各行各业都在履行着社会管理功能，但随着社会分工的日益细化，一般行业都只是以某一具体职能为切入点，服务社会的部分需求，具有不可避免的狭隘性。现代保险全面融入生产生活的每个角落，具有其他行业无法比拟的全局性、系统性和深刻性等优势（杭州保监办，2003）。保险作为人类防范和应对风险的一种制度安排，还具有普适性特征和内在的协调功能（高强生，2005）。三是发挥社会管理功能是

保险业的社会责任。刘茂山认为，保险业的发展离不开社会的支持，保险业应积极分担社会责任（刘茂山，2000）。魏华林2003年提出，保险企业应当注重保护利益相关者的利益，履行相应的社会责任。此后他又指出，保险业要生存和发展，必须承担相应的社会责任。保险公司不能过分地强调经济效益，忽视社会责任。社会管理功能作为现代保险的一项社会责任，正被越来越多的人所接受（魏华华，2003；2004）。四是社会离不开保险，需要保险具有或直接赋予保险以社会管理功能。社会管理功能无论是从保险业自身生存和发展的角度，还是从社会正常运转和经济进步的角度，都是不可或缺、至关重要的（魏华林，2004）；对新社保体系尚未完全建立的我国，保险的社会管理功能尤为重要（祝向军，2005）；社会需要保险业提供全方位、多层次的保障服务（武汉保监办课题组，2003）；经济系统的正常运行离不开保险功能的发挥（孙祁祥等，2004）。另有学者则认为，社会管理功能是社会赋予保险业的一项责任（刘冬姣，2004）；随着现代保险业的实践和保险理论的发展，社会赋予了保险以社会管理功能（龚锋等，2004）。

3.4.2 反对者认为由保险的社会属性推不出社会管理功能

反对者首先质疑保险关系的广泛性、普遍性及群体性，认为保险服务对象一般仅限于被保险人，其社会性特征有限。首先，保险功能的社会属性强调保险服务的客体应当是保险的消费者或客户，而非与保险利益无关的其他人或者无利益相关者（卓志，2004）。保险公司的防灾防损属于公司内部的业务风险管理，不可能是公法意义上的社会管理，不宜将一种企业内部的经营风险管理拔高为社会管理（林宝清，2004）。其次，反对者不认为保险业对社会的管理，较之其他行业具有全局性和系统性的优势。市场经济条件下，政府转变职能，各行各业都在替代政府的社会管理职能，保险业比其他行业并不具有更多的优势。其他产业，从古老的农业到新兴的IT业，其融入社会的深度、广度，服务社会的全面性、系统性和深刻性，以及对现代社会的重要性并不比保险业差。社会的进步、经济的发展离不开微观主体各自职能的正常发挥，政府、企业和个人都要扮演好自身的角色（李诗源，2005）。再次，反对者认为社会责任和社会管理功能是两个不同的概念，不能把社会对保险业的期待与保险自身具有的功能混为一谈。每个企业都应当履行相应的社会责任，但责任具有外源性，多由外部世界规定，弹性较大；功能则具有内源性，由事物的本质决定，具有一定的刚性。不可否认，主管部门和学界权威呼吁保险业承担更多的社会责任，非常及时而且极其重要。但过多地要求市场经济条件下的保险企业履行计划经济条件下保险机构的职能，与市场化改革的方向相悖。最后，反对者认为，任何有生命力的商品都具有两个特征：一是对消费者个人具有使用价值，这是成为商品的必要条件，经济保障是保险的社会效用，正是该效用（使用价值）使保险可以成为商品（林宝清，2004）；二是对社会具有非负的外部性，能获得社会的鼓励与支持，这是持久生命力的保证，但并不是成为商品的必要条件，保险商品的"社会管理功能"正是这种正外部性，而这仅是市场这只看不见的手的作用而已（吴成良等，2004）。

3.4.3 双方在社会属性论述上的缺陷与不足

支持者对保险社会属性的论述充分表明了保险融入现代社会深度、广度的增加，重要性的增强，保险功能的强化和深化。可以说，社会经济的规模越大，结构越复杂就越离不开保险这个"精巧的稳定器"和"社会润滑剂"，离不开保险功能的正常发挥，但能否由社会要求，甚至赋予保险以新的功能值得商榷。社会性的增强、重要性的增加只是保险功能增加的必要条件，而非充分条件，只是增加了新功能派生的可能性而非必然性。此外，以社会责任的高标准、经济效益与社会效益的统一等规范来要求保险业有其积极意义，但与保险企业的商业性和保险的商品性并不完全吻合。各行各业都需要保险业，但保险业的服务范围最大也只能是以被保险人为中心，保险不能因为需求具有社会性而自动地服务于各行各业。最后，保险业对社会的影响比农业等其他产业更具全面性的说法也难以成立，保险是微观经济主体管理风险的一种财务手段，购买保险实质上是企业、个人将自身的风险管理业务向保险公司进行的外包。微观主体加强自身风险管理可能具有正的外部性，但这并不是它的目的。保险公司的防灾防损不过是这些企业、个人外包来的风险管理业务，保险公司只是替客户，而非全社会管理风险。此外，保险企业参与社会风险管理，实质上是保险公司内部业务风险控制的一个环节，目的是防范道德风险，控制赔付率。每个商业性公司加强内部业务风险管理确实都具有正的外部性，但不宜将其上升为功能。

3.5 保险公司是否社会管理主体

支持者认为，在市场经济条件下，保险公司等企业可以成为比政府更高效的社会管理主体，发挥社会管理功能。追求社会效益有助于经济效益的实现，营利性与社会管理功能的发挥并不冲突。反对者则认为，社会管理的主体只能是政府，保险公司仅是政府社会管理职能的外部承包商。保险仅是政府管理社会的工具，它有助于政府进行社会管理而不是自身本来就具有社会管理功能。保险公司总是在社会效益的约束下最大化其经济效益，而决不是相反。

3.5.1 支持者认为保险公司是高效的社会管理主体

保险公司可以是社会管理的主体。在建立市场经济体制的进程中，随着政府职能的转变，政府不再是社会管理的唯一主体，客观上要求企业等成为社会管理的主体，保险企业也不例外（吴定富，2004a）。有学者指出，为了提高社会管理的效率，西方在二战后将各种商业化机制逐步引入社会管理过程，保险业也在其中发挥着重要的作用（周道许，2006）。冯占军2004年强调，不能认为社会管理仅为政府的职能，而与商业机构无关，现实中存在商业公司履行社会管理功能的制度安排。自改革开放以来，部分原本由政府承担的社会管理职能逐步转由企业、行业和中介组织承担，保险业也承担了其中的一部分。政府不是万能的，在某些方面保险公司更有效率。孙祁祥认为，市场经济的一个重要特征是自我保障，政府不可能再像过去那样诸事都"事必躬亲"（孙祁祥，1998）。事无巨细均由政府管理既会升高成本降低效率，还容易被权力寻租。保险赔偿（给付）

代替财政输血，能为社会提供更全面的风险保障（杭州保监办，2003）。此外，现代保险在处理突发性风险事故等领域较政府更具优势（彭金柱等，2004）。

保险公司对社会的管理不同于政府。保险的社会管理功能不同于国家对社会的管理，而是通过其内在的特性，促进经济社会的协调以及社会各领域的正常运转和有序发展（吴定富，2004a）。现代保险对于社会的管理，不同于以国家为主体的"他我管理"，也不同于职能部门的管理，主要是通过各项功能的发挥起到"社会润滑剂"的作用（武汉保监办课题组，2003）。政府主要是在宏观层面用"看得见的手"制定政策法规，保险业是从微观层次熨平社会运行中的风险和磨擦（李金辉等，2004）。现代保险的社会管理功能类似于政府和其他社会团体承担的一些功能，是政府职能的补充、替代、辅助和延伸（彭金柱等，2004）。

3.5.2 反对者认为保险公司仅是社会管理的工具

作为私法人的保险公司不具有社会管理功能。社会管理功能只能是公法人（行政机关）的功能，作为私法人（企业法人）的保险公司是不可能有此项功能的，保险公司有破产的风险，自身都离不开政府的监管。此外，商业保险是一种市场行为而非政府行为，属于私法规范的范畴，从私法规范中不可能得出属于公法规范的社会管理功能（林宝清，2004）。当然，保险可以成为政府管理社会的工具，当保险被赋予社会政策的内涵时便成为社会保险，但社会保险依然没有改变其作为政府管理社会工具的性质，不能将管理工具拔高为管理主体。社会管理功能与保险本质不具有内在一致性。当发挥社会管理功能的收益大于支出时，保险公司将选择发挥，反之，则选择不发挥（李诗源，2005）。可见，社会管理功能的发挥依赖于保险公司的自主选择，具有较强的随意性，这与本质决定功能的理论相悖。同时，功能发挥与业绩增长之间应具有相互促进，相互强化的关系，两者的目标与利益应是内在一致的。但发挥社会管理功能，追求社会效益并非总能促进经济效益的实现，而保险现有功能的发挥却能与经济效益的实现保持高度的统一。在市场经济条件下，保险公司是企业法人而非事业单位，更非慈善机构，其服务对象一般仅限于被保险人而非全社会，而且这种服务是受成本制约、利益驱动的（吴成良等，2004）。

财政型保险机构才真正具有社会管理功能。在我国传统经济体制下，保险分配是财政分配的一部分，保险具有"社会管理"功能（吴成良等，2004）。国营保险公司的产生，表明保险的存在已经超出企业管理的范畴，而成为国家管理社会的一种工具（魏华林，2004）。但在市场经济条件下，政府、企业和个人都要扮演好各自的角色，履行相应的职能。如果强迫保险公司发挥本该由政府履行的职能，将使其退化为财政的分支机构，导致公平与效率分离而非兼顾，激化而不是化解社会矛盾。因此，政府只能利用市场，借用保险来管理社会，而不能将其管理社会的职能完全市场化，完全交由市场解决，市场只是工具而决非主体。此外，市场机制的完善需要政府强化而不是弱化其应有的职能。

3.5.3 双方关于保险公司地位论述的缺陷与不足

在市场经济条件下，保险公司作为商业企业，其目标只能是股东价值最大化，否则便不能称其为现代意义上的企业，对社会效益的追求必须服从于、服务于对经济效益的追求。保险商品是一种纯粹意义上的商品，保险行为也属市场行为，保险是市场在淘汰那些仅对个人具有正的使用价值而对社会具有负外部性的商品之后剩下来的商品之一，它通过其"内在的特性"能产生正的社会效应，这种正的效应是保险功能发挥对社会产生的效果，不能将其上升为保险功能。

保险公司只是政府管理社会的外部承包商。随着新自由主义的衰落，混合经济的兴起，政府减少了对经济的干预，加强了对社会的管理，尤其是对公共物品和准公共物品的供给。混合经济认为，私人物品应完全由市场供应；公共物品应完全由政府供应；准公共物品则应由政府协助下的市场或政府利用市场机制进行供应。"工人保险"等属于纯公共物品，应由政府以社会保险的形式供应。农业保险、洪水保险、地震保险、台风保险、核能保险等准公共物品如完全由市场供应，市场失灵将导致供需不足，个体理性将降低全社会的福利。政府此时应以集体理性克服个体理性，将其纳入政策性保险的范畴，通过财政补贴、税收优惠及财政兜底等措施刺激其供求，增进全社会的福利。可见，无论是社会保险，还是政策性保险都只是政府进行社会管理的工具。政府扶持这些险种，实际上是在与消费者一起以共同付费的方式采购保险服务，政府有时甚至通过救济享受条件的设计来驱使消费者与其共同购买保险服务，这实质上是政府在将其社会管理职责向保险公司进行外包。在这一过程中，保险公司只是被动的社会管理工具，它对社会的管理从来都不具有自主性。

3.6 结论

在保险功能研究上，既要注重对演绎法的运用，以确保结论的正确性，又要适时地运用归纳法，及时地从实践中总结成熟的经验并将其上升为理论，防止理论的纯粹化，以增强其对现实的解释和指导能力。发展才是硬道理，市场才是检验保险功能最重要的尺度。保险功能的创新、实现和作用的效果都需要接受市场的检验。

无论是历史属性还是社会属性都为保险功能的增加提供了可能性。我们既应反对随意性的"升华"，也应反对永远的"丰富"，理论界应给出保险功能由量变到质变飞跃的标准或临界水平，以抑制飞跃的冲动和克服怀旧式的僵化。

支持和反对社会管理功能说都可能产生消极的影响。由于保险具有社会管理功能，政府可能借此要求保险业履行本应由政府履行的职能。保险业也可能产生借用公共权力进行营销，谋求不正当的政策支持的冲动。反对保险具有社会管理功能不利于保险业争取政策支持，改善发展环境。过多地强调保险公司的商业性质、营利特征等也不利于行业形象的提高。

应与时俱进，历史地、辨证地、全面地认识保险功能。在坚持保险本质、职能和作用大方向的前提下及时发展和挖掘新的保险功能。对我国而言，强调保险的派生功能及其实现是大有必要的，没有保险功能的派生和发展创新，便不能有保险业后发优势的充分发挥。

第 4 章

非平稳时间序列模型

4.1 非平稳形式

4.1.1 确定性趋势

确定性趋势时间序列数据拥有随时间变化的期望,也就是说期望取决于一个确定的趋势,该趋势通常可以被表达或者估计成一个多项式,或者在经过对数变换后可以被表达或者估计成一个多项式。确定性趋势的非平稳序列的特点是当将该确定性趋势去掉后,所形成的时间序列就是一个平稳的时间序列。拥有确定性趋势的非平稳时间序列虽然不是期望平稳的,但却是协方差平稳的,这种确定性趋势平稳过程可以表达成:

$$E(x_t) = \sum_{i=0}^{m} \delta_i t^i + y_t \qquad (4-1)$$

其中,y_t 是一个平稳可逆的 ARMA(p,q) 过程,期望为 0,即 $\phi(L)y_t = \theta(L)\varepsilon_t$。所以有:

$$E(x_t) = \sum_{i=0}^{m} \delta_i t^i = \mu_t$$
$$E[(x_t - \mu_t)(x_{t+k} - \mu_{t+k})] = E(y_t y_{t+k}) = \gamma_{y,k} \qquad (4-2)$$

因为这一过程的方差是常数,所以这些值总是围绕着一个确定的趋势在有限的幅度内波动。

4.1.2 随机性趋势

不满足平稳性条件的自回归过程是非平稳的另一种形式。考虑这样一个模型,例如,$\phi>1$,且给定初始值 x_0 的 AR(1) 过程:

$$x_t = \phi x_{t-1} + \varepsilon_t, \phi > 1 \qquad (4-3)$$

我们有 $x_t = \phi^t x_0 + \sum_{i=0}^{t-1} \phi^i \varepsilon_{t-i}$,所以期望为 $E(x_t) = \phi^t x_0 = \mu_t$。因此该过程的期望是系数为 ϕ 关于 t 的指数型增长,该模型的方差为:

$$Var(x_t) = (1 + \phi^2 + \phi^4 \cdots + \phi^{2(t-1)})\sigma^2 = \frac{\phi^{2t}-1}{\phi^2-1}\sigma^2 \qquad (4-4)$$

可以看出,该方差也是呈现指数型增长,因此这个过程是爆炸性的。如果 $\phi<1$,那么 AR(1) 是一个平稳过程;如果 $\phi>1$,那么该过程就是一个非平稳过程。与当 $\phi>1$ 时一样,当 $\phi<-1$ 时,在其期望随时间 t 变化的同时,方差也随时间 t 增长,并且振幅也是爆炸性的。

当 $\phi=1$ 时,是一个随机游走模型,即:

$$x_t = x_{t-1} + \varepsilon_t \qquad (4-5)$$

其中,ε_t 是一个纯随机过程。假设把前述模型加一个常量,那就变成有漂移的随机游走模型:

$$x_t = \delta + x_{t-1} + \varepsilon_t \qquad (4-6)$$

进一步假设有初始值 x_0,那么可以将式(4-6)变为:

$$x_t = x_0 + \delta t + \sum_{i=1}^{t} \varepsilon_i \qquad (4-7)$$

有漂移的随机游走模型(4-6)是随机性趋势模型,它不同于确定性趋势。对于有漂移的随机游走模型(4-6),随机冲击的影响是永久的。而对于线性趋势过程 $x_t = \delta_0 + \delta_1 t + \varepsilon_t$,随机性冲击 ε_t 对 x_t 的影响只是暂时的。随机性趋势模

型的所有的一阶矩和二阶矩都是随时间变化的。当 $0 < \tau < t$ 时,我们有:

$$E(x_t) = x_0 + \delta t = \mu_t$$

$$Var(x_t) = t\sigma^2 = \gamma_0$$

$$Cov(x_t, x_{t-\tau}) = (t-\tau)\sigma^2 = \gamma_\tau \quad (4-8)$$

因此,我们可以求出自相关系数:

$$\rho_\tau = \sqrt{\frac{t-\tau}{t}} = \sqrt{1-\frac{\tau}{t}} \quad (4-9)$$

因此,可以看出自相关系数 ρ 也是随时间变化的。

对于一个固定的 τ,随着时间 t 的增长,自相关系数收敛于1,因此尽管方差随着时间增加,我们还是可以得到一个相对平稳的过程。除此以外,不存在漂移项时,即当 $\delta = 0$ 时,随机游走过程的期望是平稳的,非平稳性来自方差和协方差的时间依赖性。平稳过程常常表现出均值回复特性,而非平稳过程基本不会围绕一个固定的值上下波动。

如果随机游走模型(4-6)中的纯随机过程 ε_t 被一个普通的平稳 ARMA(p, q)过程 y_t 所取代,那么就可以得到一般化的过程:

$$x_t = \delta + x_{t-1} = y_t \quad (4-10)$$

用 $\Delta x_t = x_t - x_{t-1}$ 来消除非平稳,可以很容易地得出 $\Delta x_t = \delta + y_t$ 是平稳的,所以 x_t 称为差分平稳过程,x_t 也被称为一阶单整过程。

如果一个随机过程 x_t 可以通过 d 阶差分变成一个平稳可逆的随机过程,那么该随机过程 x_t 就是 d 阶单整的,即 $x_t \sim I(d)$。若果其中的 y_t 是一个 ARMA(p,q)过程,那么原来的随机过程 x_t 就被称为一个 ARMA(p,d,q)过程,该过程含有 d 个单位根。

如果 y_t 为 ARMA(p,q)过程 $\phi(L)y_t = \theta(L)\varepsilon_t$,其中 $\varphi(L) = \varphi_1 L - \varphi_2 L^2 - \cdots - \varphi_p L^p, \theta(L) = 1 + \theta_1 L + \theta_2 L^2 + \cdots + \theta_q L^q$,那么有:

$$\Delta x_t = \delta + \frac{\theta(L)}{\varphi(L)}\varepsilon_t$$

$$\varphi(L)\Delta x_t = \varphi(1)\delta + \theta(L)\varepsilon_t$$

$$\varphi(L)(1-L)x_t = \bar{\delta} + \theta(L)\varepsilon_t \qquad (4-11)$$

$\phi(L)(1-L)^d x_t = \bar{\delta} + \theta(L)\varepsilon_t$ 模型的自回归部分是 $p+1$ 阶,共有 $p+1$ 个根,其中有一个单位根,其他根均在单位圆之外。这样随机过程 x_t 服从一个 ARMA $(p,1,q)$ 过程。对于非平稳的时间序列,如果一阶差分不能得到一个 ARMA 过程,可以做 d 阶差分,在这种情况下,该模型称为一般化为 ARMA(p,d,q) 过程,即:

$$\varphi(L)(1-L)^d x_t = \bar{\delta} + \theta(L)\varepsilon_t \qquad (4-12)$$

4.2 趋势的消除

我们知道,趋势包括确定性趋势和随机性趋势。要想把非平稳过程(4-1)与方程(4-6)变成平稳过程,通常方法是通过去趋势和差分方法消除确定性趋势和随机趋势。例如,对于随机性模型 $x_t = \delta + x_{t-1} + y_t$,通过 x_t 的一阶差分消除非平稳性。但是,如果对线性趋势模型 $x_t = \delta_0 + \delta_1 t + y_t$ 应用一阶差分,我们有:

$$x_t - x_{t-1} = \delta_1 + y_t - y_{t-1} \qquad (4-13)$$

进一步,y_t 为 ARMA(p,q) 过程 $\phi(L)\Delta y_t = \theta(L)\varepsilon_t$,那么可以得到:

$$\phi(L)\Delta x_t = \phi(1)\delta_1 + (1-L)\theta(L)\varepsilon_t \qquad (4-14)$$

这样得到 Δx_t 的一个平稳的 ARMA$(p,q+1)$ 过程,因为 MA 部分存在一个单位根,所以它是一个不可逆的过程。这一过程是一个新的平稳过程,而不是原来的平稳的 ARMA 过程 y_t,导致出现过差分。

过差分会导致有效信息的浪费,会降低估值精度。不如一个可逆的 MA(1) 模型 $y_t = \varepsilon_t + \theta\varepsilon_{t-1}$,$y_t$ 的方差和自相关函数为:

$$\mathrm{Var}(y_t) = (1+\theta^2)\sigma^2, \rho_k = \begin{cases} \dfrac{\theta}{1+\theta^2}, & k=1 \\ 0, & k>1 \end{cases} \qquad (4-15)$$

对 MA(1) 模型做一阶差分,差分后的模型为 $(1-L)y_t = (1+(\theta-1)L-\theta L^2)\varepsilon_t$, Δy_t 的方差和自相关函数为:

$$\mathrm{Var}(\Delta y_t) = (2(1-\theta+\theta^2))\sigma^2,$$

$$\rho_k = \begin{cases} -\dfrac{(\theta-1)^2}{2(1-\theta+\theta^2)}, & k=1 \\ -\dfrac{\theta}{2(1-\theta+\theta^2)}, & k=2 \\ 0, & k>2 \end{cases} \quad (4-16)$$

并且,$\mathrm{Var}(\Delta y_t) > \mathrm{Var}(y_t)$。可见,对于服从 MA(1) 模型的时间序列 y_t,差分后的序列 Δy_t 是一个不可逆的 MA(1) 模型,且方差变大。

对随游走序列而言,差分序列与原来随机游走模型的白噪声项是完全一致的。而对线性趋势时间序列进行一阶差分,差分序列与原来线性趋势模型的白噪声没有太大的联系。

我们也可以使用确定性趋势时间序列与随机性趋势时间序列分别对时间趋势做回归。这是处理趋势平稳过程的一个好方法,因为回归之后求出的余项与原来过程中的白噪声吻合得很好。相反地,对于随机趋势过程来说,两者几乎没有表现出来任何相关性。

4.3 ARIMA 模型

一个随机性趋势的非平稳时间序列可以通过适当的差分变成一个平稳的时间序列。ARIMA 模型在描述平稳的时间序列时非常有用。我们在这一节讨论非平稳的 ARIMA 模型在描述非平稳时间序列时很有用。

4.3.1 一般 ARIMA 模型

在模型 (4-8) 中,时间序列 x_t 服从于 ARIMA(p,d,q) 模型。用 δ 代替 $\bar{\delta}$,

ARIMA(p,d,q)模型可写成：

$$\phi(L)(1-L)^d x_t = \delta + \theta(L)\varepsilon_t \qquad (4-17)$$

其中，平稳的 AR 部分的算子 $\phi(L) = (1 - \phi_1 L - \cdots - \phi_p L^p)$ 以及可逆的 MA 部分的算子 $\theta(L) = (1 + \theta_1 L + \cdots + \theta_q L^q)$ 没有共同的元素。当 d=0 时，ARIMA(p,d,q)模型转换化为第 3 章讨论的 ARMA(p,q)模型。当 p=0 时，ARIMA(p,d,q)模型转化为阶数为(d,q)的积分移动平均模型，被记做 IMA(d,q)模型。接下来我们讨论一些常见的 ARIMA 模型。

4.3.2 随机游走模型

当 p=0, d=1, q=0 时，ARIMA(p,d,q)模型变成我们熟知的随机游走模型：

$$(1-L)x_t = \delta + \varepsilon_t \qquad (4-18)$$

或者写成 $x_t = \delta + x_{t-1} + \varepsilon_t$。这一模型被广泛地应用在对股价走势的描述上。在随机游走模型中，x 在 t 期的观测值等于其在 t-1 期的值加上一个 t 期的随机冲击。如果 δ 等于零，则是无漂移的随机游走模型。

随机游走模型是 AR(1)模型 $(1-\phi L)x_t = \delta + \varepsilon$ 在 $\phi \to 1$ 时的极限过程。由于 AR(1)模型的自相关函数是 $\rho_k = \phi^k$。所以当 $\phi \to 1$ 时，原始序列 x_t 的 ACF 呈现出很大、不衰减的峰值并且差分序列 $(1-L)x_t$ 的 ACF 值并不显著异于零，因此随机游走模型可以被这样识别出来。

4.3.3 IMA(1,1)模型

ARIMA(0,1,1)模型或者 IMA(1,1)模型是经济时间序列中常用的一种模型，许多经济数据满足 IMA(1,1)模型的特征。IMA(1,1)模型的预测方法就是我们第 2 章讨论的简单指数平滑方法或者指数加权移动平均方法。

令 $\delta = 0, \theta = -\lambda$，当 p=0, d=1, q=1 时，那么模型(4-18)就变成了下面的模型：

$$(1-L)x_t = (1-\lambda L)\varepsilon_t \qquad (4-19)$$

也就是：

$$x_t = x_{t-1} + \varepsilon_t - \lambda \varepsilon_{t-1} \qquad (4-20)$$

其中，$|\lambda|<1$。IMA(1, 1) 模型可以通过一阶差分变成一个平稳的 MA(1) 过程 $(1-L)x_t$。随机游走模型是一个当 $\lambda=0$ 时的 IMA(1, 1) 模型特例，因此 IMA(1, 1) 模型的基本特征是：原始数据的自相关函数缓慢衰减，而一阶差分后数据的自相关函数呈现出一阶移动平均的特征。

$$\begin{aligned}\frac{(1-L)}{(1-\lambda L)} &= (1-L)(1+\lambda L+\lambda^2 L^2+\cdots)\\ &= 1+\lambda L+\lambda^2 L^2+\cdots-L-\lambda L^2-\lambda L^3\cdots\\ &= 1-(1-\lambda)L-(1-\lambda)\lambda L^2-(1-\lambda)\lambda^2 L^2-\cdots \end{aligned} \qquad (4-21)$$

因此，可以得到：

$$x_t = (1-\lambda)\sum_{i=1}^{\infty}\lambda^{i-1}x_{t-i} + \varepsilon_t \qquad (4-22)$$

$$\hat{x}_t = (1-\lambda)\sum_{i=1}^{\infty}\lambda^{i-1}x_{t-i} \qquad (4-23)$$

换句话说，x_t 在 t 时刻的最优预测值是以递减的指数函数为权重对历史值 $x_{t-1}, x_{t-2}, \cdots$ 进行加权平均得到。方程 (4-23) 可以写成：

$$\begin{aligned}\hat{x}_{t+1} &= (1-\lambda)\sum_{i=1}^{\infty}\lambda^{i-1}x_{t+1-i}\\ &= (1-\lambda)x_t + (1-\lambda)\sum_{i=2}^{\infty}\lambda^{i-1}x_{t+1-i}\\ &= (1-\lambda)x_t + (1-\lambda)\lambda\sum_{i=2}^{\infty}\lambda^{i-2}x_{t+1-i}\\ &= (1-\lambda)x_t + \lambda\left[(1-\lambda)\sum_{i=1}^{\infty}\lambda^{i-1}x_{t-i}\right]\\ &= (1-\lambda)x_t + \lambda\hat{x}_t \end{aligned} \qquad (4-24)$$

式 (4-24) 表明，下一期的预测值等于当期值与上一期对当期预测值的加权平均值，加权的系数为指数平滑方法下的平滑常数。

4.4 ARIMA 模型的预测

4.4.1 随机游走模型的预测

首先，我们来考虑一个有漂移的随机游走模型：

$$x_t = \delta + x_{t-1} + \varepsilon_t \tag{4-25}$$

那么一步向前预测值为：

$$\hat{x}_t(1) = \delta + E(x_t | x_1, x_2, \cdots, x_t) + E(\varepsilon_{t+1} | \varepsilon_1, \varepsilon_2, \cdots, \varepsilon_t) \tag{4-26}$$

因此，有：

$$\hat{x}_t(1) = \delta + x_t \tag{4-27}$$

同样的，1 期向前预测的差分方程为：

$$\hat{x}_t(l) = \delta + \hat{x}_t(l-1), l \geq 1 \tag{4-28}$$

通过迭代法，我们可以得到：

$$\hat{x}_t(l) = \delta l + x_t, l \geq 1 \tag{4-29}$$

如果 $\delta \neq 0$，那么长期的预测是不收敛的，而是对所有 l 服从斜率 δ 为的线性关系。常数 δ 的存在与否能很显著地改变预测结果，因此常数不应该被包含在非平稳的 ARIMA 模型中，除非有明确的证据表明差分序列的均值显著异于零。

随机游走模型的一步预测的误差是：

$$f_t(1) = x_{t+1} - \hat{x}_t(1) = \varepsilon_{t+1} \tag{4-30}$$

一步预测误差为：

$$f_t(1) = x_{t+1} - \hat{x}_t(1) = (x_t + \delta l + \varepsilon_{t+1} + \cdots + \varepsilon_{t+l}) - (x_t + \delta l)$$

$$= \varepsilon_{t+1} + \cdots + \varepsilon_{t+l} \tag{4-31}$$

由于权重恒等于1,因此我们有:

$$\mathrm{Var}(\int_t(l)) = \sigma^2 \sum_{i=0}^{l-1} \Psi_i^2 = l\sigma^2 \tag{4-32}$$

与平稳的情况相反,在 l 增长的情况下没有权限,预测误差方差的这一性质是非平稳 ARIMA 过程的特点。

4.4.2 ARIMA(1,1,1) 模型的预测

就像随机游走模型所表现出来的一样,非平稳的 ARIMA 模型的预测与平稳的 ARIMA 模型的情形差不多,但还是有一些不同。我们知道,ARIMA(p,1,q) 模型可以被写成一个非平稳的 ARIMA(p+1,q) 模型,即可以写成以下形式:

$$x_t = \varphi_1 x_{t-1} + \varphi_2 x_{t-2} + \varphi_3 x_{t-3} + \cdots + \varphi_p x_{t-p} + \varphi_{p+1} x_{t-p-1} + \varepsilon_t +$$
$$\theta_1 \varepsilon_{t-1} + \theta_2 e_{t-2} + \cdots + \theta_q \varepsilon_{t-q} \tag{4-33}$$

其中,系数 φ 是与系数 ϕ 相联系的:

$$\varphi_1 = 1 + \phi_1, \varphi_i = \phi_i - \phi_{i-1}(i=2,\cdots,p), \varphi_{p+1} = -\phi_p \tag{4-34}$$

一般而言,如果 ARIMA 模型是 d 阶差分,那么得到的新式子就会有 p+d 个 φ 系数。对于 ARIMA(1,1,1) 模型的情形而言,可以得到:

$$x_t - x_{t-1} = \phi(x_{t-1} - x_{t-2}) + \delta + \varepsilon_t + \theta_{t-1} \tag{4-35}$$

所以得到 $x_t = (1+\phi)x_{t-1} - \phi x_{t-2} + \delta + \varepsilon_t + \theta\varepsilon_{t-1}$。

因此,预测值为:

$$\hat{x}_t(1) = (1+\varphi)x_t - \varphi x_{t-1} + \delta + \theta\varepsilon_t$$
$$\hat{x}_t(2) = (1+\varphi)\hat{x}_t(1) - \varphi x_t + \delta$$
$$\hat{x}_t(l) = (1+\varphi)\hat{x}_t(l-1) - \varphi\hat{x}_t(l-2) + \delta \tag{4-36}$$

对于一般非平稳的 ARIMA 模型,随着预测步长 l 的增加,预测误差的方差是无界的。

4.5 我国保险业经营管理费用 ARIMA 模型的建模

2003年1月到2017年2月我国保险业月度经营管理费用、保费收入和保费收入费用率数据均来源于中国保监会网站之保险业经营情况：http://www.circ.gov.cn/web/site0/tab5201/。原始数据为月度累加数据，此处的数据为累减后的普通月度数据，单位为万元。保险业经营管理费用、单位保费收入费用对测试保险业经营管理水平的发展变化具有重要的理论与实践意义。

4.5.1 原始序列的初步分析

图4-1显示，我国保险业经营管理费用呈现出逐年上升的趋势，随着保险业规模扩大，这并不令人意外。但单位保费费用率也呈现出逐年上升的趋势，说明全行业并未表现出规模效应，经营环境日渐严酷，整体经济的"蛋糕"做大了，但分食难度也更大了。经营管理费用自相关函数严重拖尾，偏自相关函数一阶截尾。根据数据表现出的特征，可以考虑对其构建一般的 ARIMA 模型。

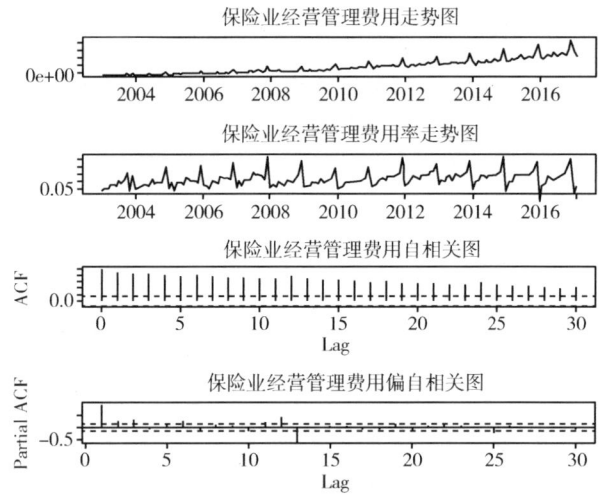

图4-1 我国保险业经营管理费用、保费费用率及经营管理费用自相关图

第 4 章 非平稳时间序列模型

表 4-1 显示，对我国保险业月度经营管理费用的 Box-Ljung 检验结果表明，该序列并非一个白噪声序列，而是一个富有信息含量的序列，适宜对其进行建模分析。

表 4-1　我国保险业月度经营管理费用序列白噪声检验

检验序列	Box-Ljung 统计值	自由度	P 值
月度管理费用	707.84	6	2.2e-16

4.5.2 对数差分序列的考察

（1）原始序列的对数化。

显示易见，图 4-2 显示，经过对数化的我国保险业月度经营管理费用依然不平稳，均值依然越来越大。当然，取对数只是对原始数据的增变换，对数后的数据当然无法消除原始数据的不平稳性。对数化后月度经营管理费用序列的自相关函数严重拖尾，偏自相关函数三阶截尾。

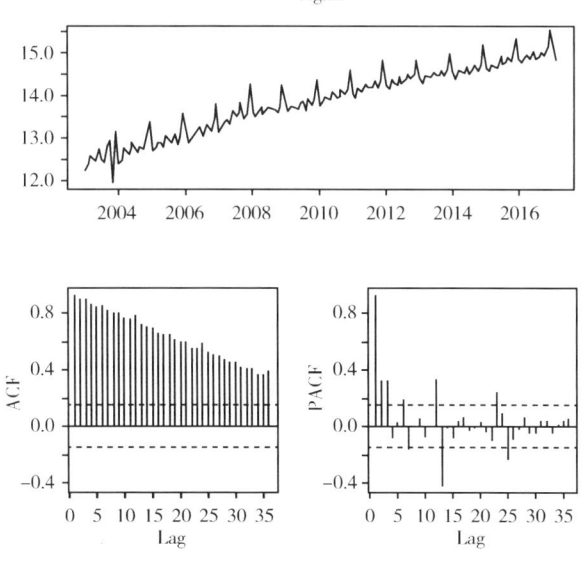

图 4-2　我国保险业月度经营管理费用对数序列自相关图

(2) 对数化序列的差分序列。

图 4-3 显示，我国保险业月度经营管理费用序列经过先取对数，再取差分的处理后，对数化差分序列已经是一个平衡的序列。其自相关函数依然拖尾，但严重程度已经显著降低，季节性表现得更为强烈。偏自相关函数依然二阶截尾，季节性的痕迹也开始展露出来。

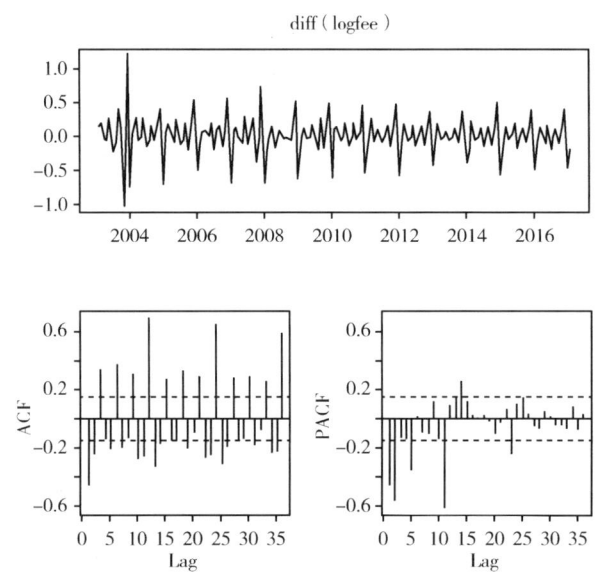

图 4-3　我国保险业月度经营管理费用对数差分序列自相关图

表 4-2 显示，对我国保险业月度经营管理对数化差分序列 ADF 检验结果表明，该序列已经是一个平稳序列，可以对其构建 ARIMA 模型。图 4-3 的自相关函数、偏自相关函数图提示建立 ARIMA(1,1,2) 模型。

表 4-2　我国保险业月度经营管理费用对数化差分序列 ADF 检验

检验序列	Dickey-Fuller 统计值	滞后期	P 值
对数化差分序列	-8.8549	5	0.01

图 4-4 显示，我国保险业月度经营管理费用序列，经对数化，差分，再进行季节差分后，其自相关函数、偏自相关函数图中季节性趋势已被消除。

表 4-3 显示，在 10% 的显著性水平下，我国保险业月度经营管理对数化差

第4章 非平稳时间序列模型

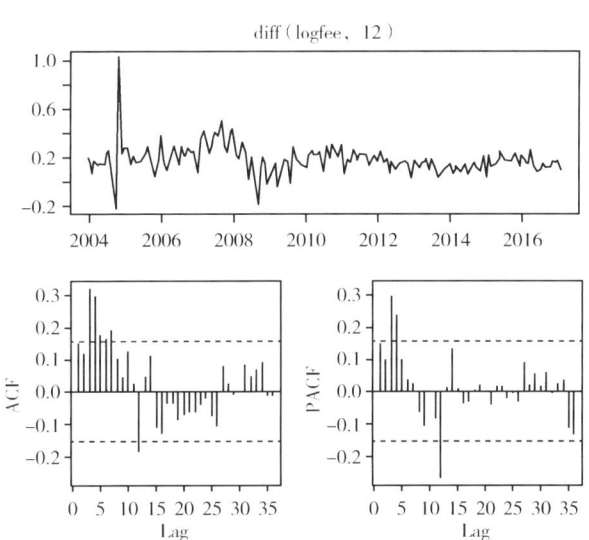

图4-4 我国保险业月度经营管理费用对数差分序列季节差分后自相关图

分,季节差分后序列 ADF 检验结果表明,该序列仍是一个平稳序列,可以对其构建 ARIMA(p, d, q)(P, D, Q)模型。图4-4的自相关函数、偏自相关函数图提示建立 ARIMA(1, 1, 2)(1, 1, 1)模型。

表4-3 我国保险业月度经营管理费用对数化差分
序列季节差分后 ADF 检验

检验序列	D-F统计值	滞后期	P值
对数差分季节差分序列	-3.1735	5	0.0948

4.5.3 模型参数估计

表4-4显示,各竞争性模型都有自身的优劣势,结合各回归系数的 T 值,各方程的信息准则,确定对我国保险业月度经营费用构建 ARIMA(2, 1, 1)(0, 1, 1)[12]模型。

表4-4　我国保险业月度经营管理费用对数序列ARIMA模型比较

变量	ARIMA (0, 1, 3) (0, 1, 1) [12]	ARIMA (0, 1, 1) (0, 1, 1) [12]	ARIMA (2, 1, 1) (1, 1, 1) [12]	ARIMA (2, 1, 1) (0, 1, 1) [12]
Ar1			-0.3536 (-3.3405)	-0.3540 (-3.3586)
Ar2			-0.2282 (-2.3826)	-0.2368 (-2.4911)
Ma1	-1.0154 (-9.6339)	-0.8298 (-10.0776)	-0.6552 (-8.0056)	-0.6551 (-7.9554)
Ma2	0.1303 (1.3704)			
Ma3	0.1424 (1.7288)			
Sar1			-0.1366 (-0.9953)	
Sma1	-0.7336 (-9.2448)	-0.7161 (-9.0242)	-0.6911 (-6.9010)	-0.7394 (-9.3179)
AIC	-268.03	-260.85	-266.56	-267.61
AICc	-267.64	-260.69	-266	-267.21
BIC	-252.75	-251.68	-248.22	-252.33

注：括号内为各回归系数的T值。

4.5.4　模型的诊断

图4-5显示，ARIMA(2,1,1)(0,1,1)[12]模型残差是一个平稳的序列，但其自相关函数、偏自相关函数图中仍存在季节性的痕迹，季节趋势很难完全消除。

进一步地，图4-6支持了图4-5的结论，模型残差中仍然存在季节性的痕

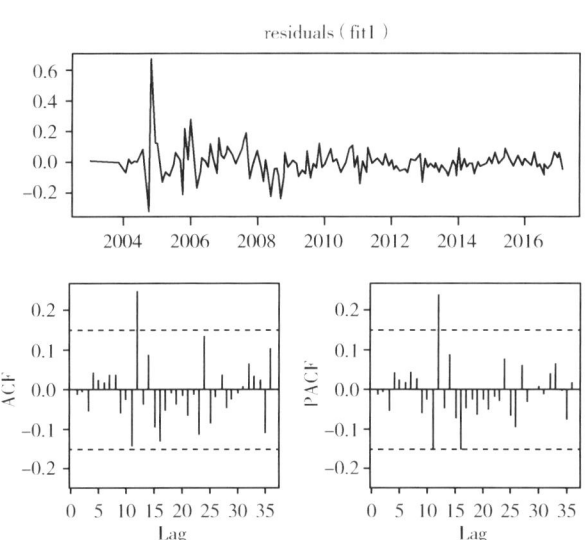

图4-5 ARIMA(2, 1, 1)(0, 1, 1)[12]模型残差自相关函数图

迹,这是该模型的不足之处。

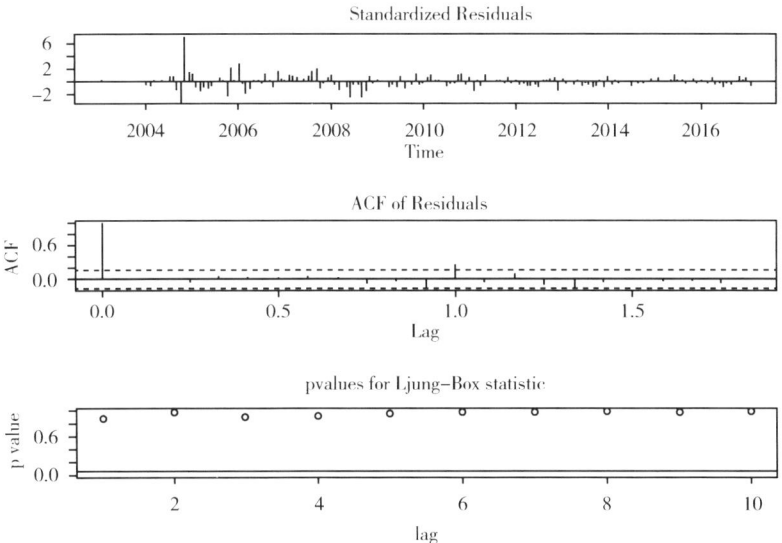

图4-6 ARIMA(2, 1, 1)(0, 1, 1)[12]模型残差综合诊断

表4-5的检验结果说明,ARIMA(2, 1, 1)(0, 1, 1)[12]模型残差是

一个白噪声序列，不含有任何有价值的信息，ARIMA(2, 1, 1) (0, 1, 1)[12] 模型是一个充分的模型。

表4-5　ARIMA(2, 1, 1) (0, 1, 1) [12] 模型残差白噪声检验

检验序列	Box – Ljung 统计值	自由度	P 值
月度管理费用	0.99806	6	0.9857

4.5.5　模型的诊断

由于本书的样本期为 2003 年 1 月至 2017 年 2 月，因而图 4-7 给出了自 2017 年 3 月至 2018 年 2 月的预测值。图 4-7 显示，仅从趋势上看，ARIMA(2, 1, 1) (0, 1, 1) [12] 对我国保险业经营管理费用未来一年的预测较为准确。

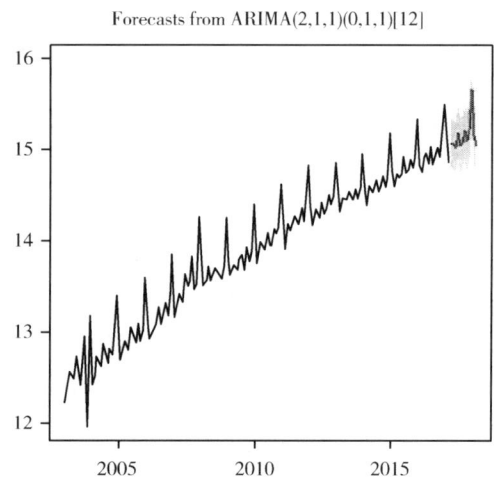

图 4-7　ARIMA(2, 1, 1) (0, 1, 1) [12] 模型的预测

表 4-6 第 2 列是 ARIMA(2, 1, 1) (0, 1, 1) [12] 模型对我国保险业月度经营管理费用对数值的预测值，第 3 列为对应的指数返原值。预测结果显示，月度经营管理费用的阶段高峰都出现在季度最后一个月份，全年的高峰出现在 12 月，与保险业实务高度吻合，说明该模型是充分的，可以依赖它进行预测。

表4-6 ARIMA(2,1,1)(0,1,1)[12]模型预测的对数值及返原值

月份	预测值对数值	预测值（万元）
2017.03	15.07810	3534562
2017.04	15.06996	3505908
2017.05	15.02396	3348289
2017.06	15.18747	3943069
2017.07	15.05806	3464435
2017.08	15.07802	3534279
2017.09	15.21299	4044991
2017.10	15.10462	3629553
2017.11	15.23568	4137822
2017.12	15.66515	6357527
2018.01	15.16489	3855033
2018.02	15.05760	3462841

第 5 章

季节时间序列模型研究：
以财产险为例

序列依赖性通常表现为当前观测值对最近滞后观测值的依赖性最强，并且随着滞后期的延长逐渐衰减。然而，许多商业和经济数据呈现出每隔一段时间重复、循环的季节现象。例如，冰激凌的销售量每年夏季最多，旅游人数常常在法定节假日达到高峰等，这些数据往往对上年同期观测有着很强的依赖性，称为季节性依赖。对于季节数据，使用确定性季节模型建模不能充分解释此类时间序列的行为，而且模型残差仍然存在高度的多阶滞后自相关，而随机季节模型能解决这一问题，很好地拟合季节数据。已经讨论过的 ARIMA 模型允许我们同时对季节性和非季节性依赖建模。我们将扩展 ARIMA 模型建立 SARIMA 模型拟合具有季节性规律的时间序列数据，用季节时间序列模型研究财产险。

5.1 简单季节 ARMA 模型

5.1.1 简单季节 MA(Q)s 模型

本节研究简单季节模型，s 代表季节周期，如月度数据和季度数据 s 分别为 12 和 4。

考虑时间序列模型：

$$y_t = \varepsilon_t + \Theta\varepsilon_{t-12} \tag{5-1}$$

计算 1 阶到 11 阶自相关系数，

$$\text{cov}(y_t, y_{t-1}) = \text{cov}(\varepsilon_t + \Theta\varepsilon_{t-12}, \varepsilon_{t-1} + \Theta\varepsilon_{t-13}) = 0$$

$$\cdots$$

$$\text{cov}(y_t, y_{t-11}) = \text{cov}(\varepsilon_t + \Theta\varepsilon_{t-12}, \varepsilon_{t-11} + \Theta\varepsilon_{t-23}) = 0 \quad (5-2)$$

对于 12 阶自相关系数，我们有：

$$\text{cov}(y_t, y_{t-12}) = \text{cov}(\varepsilon_t + \Theta\varepsilon_{t-12}, \varepsilon_{t-12} + \Theta\varepsilon_{t-24}) = \Theta\sigma^2 \quad (5-3)$$

很容易看出，y_t 序列平稳且仅在滞后 12 期具有非零自相关函数。

扩展上述模型，我们定义季节周期为 s 的 Q 阶季节 MA(Q)s 模型为：

$$y_t = \varepsilon_t + \Theta_1\varepsilon_{t-s} + \Theta_2\varepsilon_{t-2s} + \cdots + \Theta_Q\varepsilon_{t-Qs} \quad (5-4)$$

其特征多项式为：

$$\Theta(L) = 1 + \Theta_1 L^s + \Theta_2 L^{2s} + \cdots + \Theta_Q L^{Qs} \quad (5-5)$$

若 $\Theta(L) = 0$ 全部根的绝对值均大于 1，则该模型为可逆的。特别地，有：

$$\rho_{ks} = \frac{\Theta_k + \Theta_1\Theta_{k+1} + \Theta_2\Theta_{k+2} + \cdots + \Theta_{Q+k}\Theta_Q}{1 + \Theta_1^2 + \Theta_2^2 + \cdots + \Theta_Q^2}, k = 1, 2, \cdots, Q \quad (5-6)$$

很明显该序列平稳且仅在滞后 s, 2s, Qs 期具有非零自相关函数。季节 MA(Q) 模型可以看作阶数 q = Qs 但是除滞后 s, 2s, Qs 期 Θ 值均等于 MA(q) 模型的特例。

5.1.2 简单季节 AR(P)$_S$ 模型

季节自回归模型可以类似定义。考虑：

$$y_t = \Phi y_{t-12} + \varepsilon_t \quad (5-7)$$

其中，$|\phi| < 1$ 并且 ε_t 独立于 $y_{t-1}, y_{t-2}, \cdots$ 容易证明 $|\phi| < 1$ 保证了平稳性，因此容易得到 $E(y_t) = 0$，再将式（5-7）两边同乘 y_{t-k} 取期望后，除以 γ_0 得：

$$\rho_k = \phi \rho_{k-12}, k \geq 1 \qquad (5-8)$$

容易得到:

$$\rho_{12} = \phi \rho_0 = \phi, \rho_{24} = \phi \rho_{12} = \phi^2 \qquad (5-9)$$

因此,有:

$$\rho_{12k} = \phi^k, k = 1, 2, \cdots \qquad (5-10)$$

对于式(5-8),分别设定 k = 1 和 k = 11,利用 $\rho_k = \rho_{-k}$ 得到:

$$\rho_1 = \phi \rho_{11}, \rho_{11} = \phi \rho_1 \qquad (5-11)$$

从而 $p_1 = \rho_{11} = 0$。相似地,能证明除滞后 12,24,…期 $\rho_k = 0$ 外,滞后 12,24,…期的自相关函数表现出类似 AR(P) 模型的指数衰减。

我们定义季节周期为 s 的 P 阶季节 AR(P),模型:

$$y_t = \Phi_1 y_{t-s} + \Phi_2 y_{t-2s} + \cdots + \Phi_p y_{t-ps} + \varepsilon_t \qquad (5-12)$$

其季节特征多项式为:

$$\emptyset(L) = 1 - \emptyset_1 L^s - \emptyset_2 L^{2s} - \cdots - \emptyset_p L^{ps} \qquad (5-13)$$

若 $\emptyset(Z) = 0$ 全部根的绝对值均大于 1,则该模型为平稳性的。季节 AR(P),模型可以看作阶数 p = Ps 并且仅在滞后 s, 2s, …, Ps 期 Φ 系数非零的特殊 AR(p) 模型。

5.2 乘积季节 ARMA 模型

5.2.1 乘积季节 ARMA(p, q) × (P, Q)ₛ 模型

除季节滞后期自相关函数非零的模型外,将季节模型和非季节模型相结合,能引申出既包括季节滞后自相关又包括低阶临近滞后相关的简约模型——乘积季节模型。

考虑一个模型,其 MA 部分的特征多项式为:

$$(1+\theta L)(1+\Theta L^{12}) = 1 + \theta L + \Theta L^{12} + \theta\Theta L^{13} \quad (5-14)$$

对应的时间序列模型为:

$$y_t = \varepsilon_t + \theta\varepsilon_{t-1} + \Theta\varepsilon_{t-12} + \Theta\varepsilon_{t-13} \quad (5-15)$$

模型 (5-15) 可以表示为乘积季节模型 $ARMA(0,1) \times (0,1)_{12}$,此模型自相关函数仅在滞后 1,11,12,13 期非零。可以证明:

$$\gamma_0 = (1+\theta^2)(1+\Theta^2)\sigma^2 \quad (5-16)$$

$$\rho_1 = \frac{\theta}{1+\theta^2} \quad (5-17)$$

$$\rho_{11} = \rho_{12} = \frac{\theta\Theta}{(1+\theta^2)(1+\Theta^2)} \quad (5-18)$$

$$\rho_{12} = \frac{\Theta}{(1+\Theta^2)} \quad (5-19)$$

一般来说,我们定义季节周期为 s 的乘积季节 $ARMA(p,q) \times (P,Q)_s$ 为:

$$\phi(L)\Phi(L)y_t = \theta(L)\Theta(L)y\varepsilon_t, \varepsilon_t \sim WN(0,\sigma^2) \quad (5-20)$$

其中 AR 特征多项式和 MA 特征多项式分别为 $\phi(L)\Phi(L)$ 和 $\theta(L)\Theta(L)$:

$$\phi(L) = 1 - \phi_1 L - \phi_2 L^2 - \cdots - \phi_p L^p$$

$$\Phi(L) = 1 - \Phi_1 L^s - \Phi_2 L^{2s} - \cdots - \Phi_p L^{ps}$$

$$\theta(L) = 1 - \theta_1 L - \theta_2 L^2 - \cdots - \theta_p L^p$$

$$\Theta(L) = 1 - \Theta_1 L^s - \Theta_2 L^{2s} - \cdots - \Theta_p L^{ps} \quad (5-21)$$

乘积季节 $ARMA(p,q) \times (P,Q)_s$ 可以看作 AR 阶数和 MA 阶数分别为 $p+Ps$ 和 $q+Qs$ 的 ARMA 模型的特例,此 ARMA 模型仅 $p+P+q+Q$ 个系数非零。

5.2.2 乘积季节 $ARMA(0,1) \times (1,0)_{12}$ 模型

假设 $P=q=1, p=Q=0, s=12$,模型为:

$$y_t = \Phi y_{t-12} + \varepsilon_t + \theta\varepsilon_{t-1} \tag{5-22}$$

通过计算，我们可以得到：

$$\gamma_t = \Phi\gamma_{11} + \theta\sigma^2 \tag{5-23}$$

$$\gamma_k = \Phi\gamma_{k-12}, k \geq 2 \tag{5-24}$$

利用式（5-23）和式（5-24）可以推出：

$$\gamma_0 = \frac{1+\theta^2}{1-\Phi^2}\sigma^2 \tag{5-25}$$

$$\rho_{12k} = \phi^k, k \geq 1 \tag{5-26}$$

$$\rho_{12k-1} = \rho_{12k+1} = \frac{\Theta}{(1+\Theta^2)}\phi^k, k = 0,1,2,\cdots \tag{5-27}$$

除式（5-26）、式（5-27）外，其他滞后期的自相关函数均等于0。

5.3 非平稳季节 ARIMA 模型

处理非平稳季节时间序列的一个重要方法是季节差分，季节周期为 s 的序列 x_t 的季节差分记做 $\Delta_s x_t$，定义为：

$$\Delta_s x_t = x_t - x_{t-s} \tag{5-28}$$

对于长度为 T 的序列，季节差分后序列长度为 T-S，这是由于季节差分使 s 个数据缺失。

有些时间序列既要做季节差分又要做常差分，才能得到平稳时间序列。非平稳时间序列 x_t 经过 d 阶差分和 D 阶季节差分后变成平稳时间序列 y_t，记做：

$$y_t = \Delta^d \Delta_s^D x_t \tag{5-29}$$

若 y_t 满足季节周期为 s 的 Q 阶季节 MA(Q)$_s$ 模型或季节周期为 s 的 P 阶季节 AR(P)$_s$ 模型，那么 x_t 满足季节周期为 s 的非平稳简单季节 ARIMA 模型；若 y_t 满足季节周期为 s 的 ARIMA(p,q)×(P,Q)$_s$ 模型，那么 x_t 满足非季节阶 p, d, q,

季节阶数为 P, D, Q, 季节周期为 s 的非平稳乘积季节 ARIMA 模型, 记做 SARIMA(p,d,q)×(P,D,Q)$_s$:

$$\phi(L)\emptyset(L)\Delta^d\Delta_s^D x_t = \delta + \theta(L)\Theta(L)\varepsilon_t, \varepsilon_t \sim WNW(0,\sigma^2) \quad (5-30)$$

其中, δ 为常数项, φ(L) 和 θ(L) 为一般自回归和移动平均成分, ∅(L) 和 Θ(L) 为季节自回归和移动平均成分, 常差分和季节差分为 $\Delta^d = (1-L)^d$ 和 $\Delta_S^D = (1-L^s)^D$。

5.4 我国财产保险季节时间序列模型

5.4.1 我国财产险数据

1999 年 1 月到 2017 年 2 月我国财产保险业保费收入、赔付支出和简单赔付率数据均来源于中国保监会网站之保险业经营情况: http://www.circ.gov.cn/web/site0/tab5201/。原始数据为月度累加数据, 此处的数据为累减后的普通月度数据, 单位为万元。作为生产性服务业, 财产保险业随着经济活动的"春华秋实""秋收冬藏"等季节变换, 也会存在明显的季节性, 适合用季节性模型来进行分析。生产安全事故往往发生在繁忙的季节里, 财产保险赔付率的高峰也往往出现在最繁忙的季节里。

图 5-1 显示, 我国财产保险月度赔付率序列没有明显的趋势, 周期也不明显, 但存在明显的季节依赖特征, 自相关函数图表明每隔 12 个即高度相关, 偏自相关函数图也表现出了同样的特征, 说明原始序列需进行季节差分调整以得到可以进行分析的平稳的时间序列。

图 5-2 显示, 我国财产保险月度赔付率的时序分解图同样支持其趋势性不明显, 季节性显著的结论。图 5-1 第一个 panel 和图 5-2 第一个 panel 表明, 我国财产保险月度赔付率始终没有恢复到 2010 年以前的水平, 这究竟是源于保险人更谨慎的承保, 还是源于投保人更小心的生产, 抑或是安全生产管理水平的提

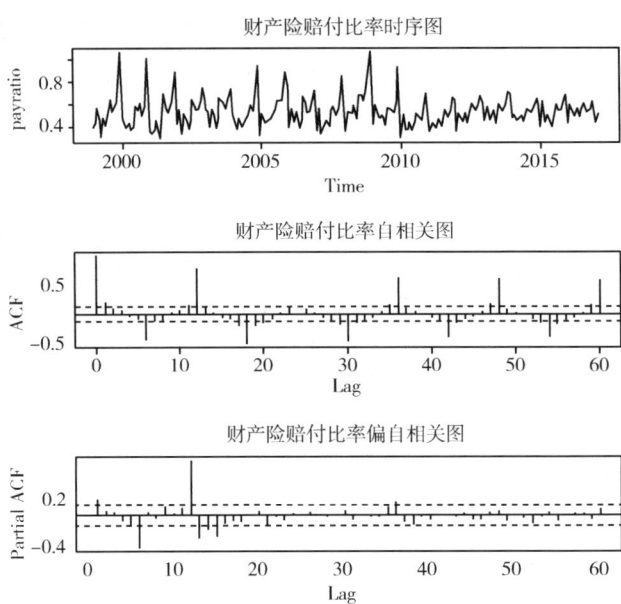

图 5-1 我国财产保险月度赔付率时序及自相关函数图

高，经济活跃度的下降，其原因显然应该是多方面的。

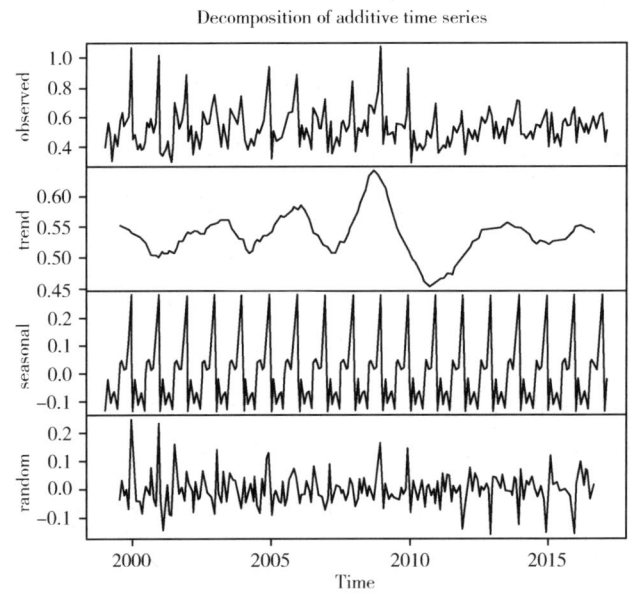

图 5-2 我国财产保险月度赔付率时间序列分解图

5.4.2 我国财产险赔付率的季节差分

表5-1显示，在自动选择最优滞后期的条件下，ADF检验结果表明财产保险月度赔付率是平稳的，但其显然忽视了序列的季节性。原序列12步季节一阶差分和二阶差分的检验结果表明，12步季节二阶差分存在过度差分的问题，P值并没有显著降低。

表5-1　我国财产保险月度赔付率及其差分序列的 **ADF** 检验结果

检验对象	DF值	最优滞后期	P值
财产保险月度赔付率	-7.8904	6	0.01
月度赔付率12步季节一阶差分	-3.2086	5	0.0879
月度赔付率12步季节二阶差分	-3.2345	5	0.08385

图5-3显示，经过12步季节一阶差分后的序列表现出了平稳的特征。自相关函数显示，差分后的序列表现出平稳时序的特征。综合自相关函数和偏自相关函数，在季节周期的滞后期上，自相关函数截尾，偏自相关函数拖尾。

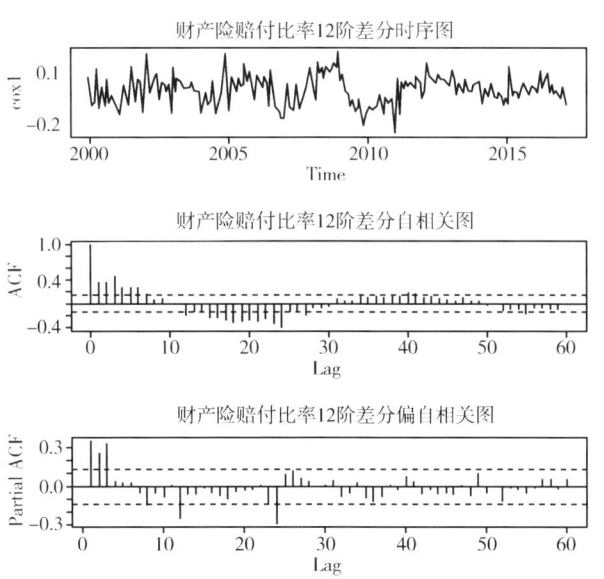

图5-3　我国财产保险月度赔付率12步季节一阶差分时序及自相关图

图 5-4 显示，经过 12 步季节二阶差分，得到财产险赔付率数据 12 步差分后的时序图，自相关图和偏自相关图。序列的自相关函数和偏自相关函数均有所降低，但幅度不大，说明进行 12 步季节二阶差分的必要性不大。

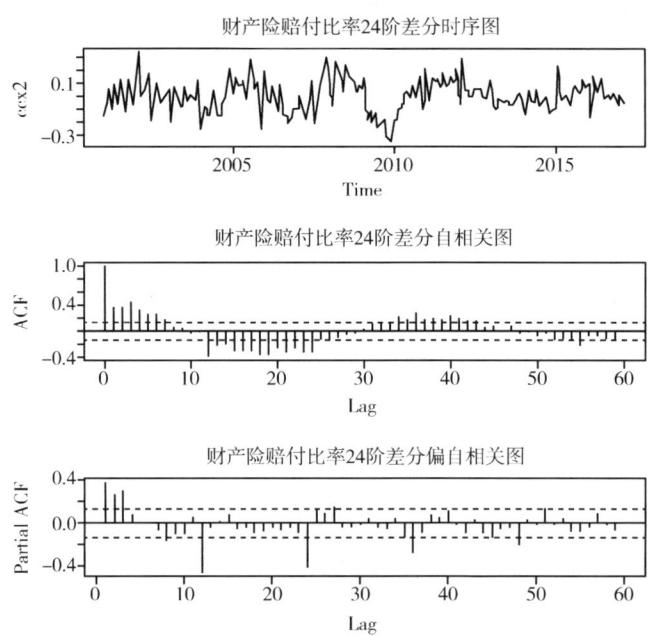

图 5-4 我国财产保险月度赔付率 12 步季节二阶差分时序及自相关图

综合图 5-3、图 5-4 中的自相关函数和偏自相关函数，在季节周期的滞后期上，自相关函数截尾，偏自相关函数拖尾，可以考虑建立季节 $SARMA(2,0,0) \times (2,0,0)_{12}$ 或者 $SARMA(6,1,0) \times (3,1,4)_{12}$ 模型。

5.4.3 我国财产险赔付率的 SARMA 模型估计

$SARMA(2,0,0) \times (2,0,0)_{12}$ 估计结果：

$$payratino_t = 0.5361 + 0.2542 payratio_{t-1} + 0.2285 payratio_{t-2}$$
$$+ 0.7582 payratio_{t-12} + 0.1124 payratio_{t-24} \qquad (5-31)$$

$SARMA(6,1,0) \times (3,1,4)_{12}$ 估计结果：

$$(1 + 0.8428L^1 + 0.6745L^2 + 0.3123L^3 + 0.2496L^4 + 0.1708L^5 + 0.0722L^6)$$
$$(1 - L)(1 + 0.1458L^{12} + 0.7207L^{24} + 0.583L^{36})(1 - L^{12})payratio_t$$
$$= \varepsilon_t - 0.2338\varepsilon_{t-12} + 0.3389\varepsilon_{t-24} + 0.5473\varepsilon_{t-36} - 0.5158\varepsilon_{t-48} \quad (5-32)$$

季节模型残差的白噪声检验。表 5-2 显示，根据 Ljung-Box 检验结果，在 5% 的显著性水平下拒绝模型 SARMA(2,0,0)×(2,0,0)$_{12}$ 残差为白噪声的原假设，接受 SARMA(6,1,0)×(3,1,4)$_{12}$ 模型残差为白噪声的原假设，即本书将建立 SARMA(6,1,0)×(3,1,4)$_{12}$ 模型。

表 5-2　　　　财产险月度赔付率 SARMA 模型残差白噪声检验

检验模型	X-squared	df	p-value
SARMA(2,0,0)×(2,0,0)$_{12}$	24.993	10	0.0054
SARMA(6,1,0)×(3,1,4)$_{12}$	2.9517	10	0.9825

5.5 SARIMA 模型预测

SARIMA 模型是进行测试的基本方法，其他模型的预测方法类似。

5.5.1 季节 AR(1)$_{12}$ 模型

季节 AR(1)12 模型为：

$$y_t = \theta y_{t-12} + \varepsilon_t \quad (5-33)$$

所以，向前 L 步预测为：

$$\hat{y}_t(1) = \theta \hat{y}_t(1-12) \quad (5-34)$$

通过迭代可以得出：

$$\hat{y}_t(1) = \theta^{k+1} y_{t+r-11} \quad (5-35)$$

k 和 r 定义为 0，以及 k = 0,1,2,…，如果我们最后一个观测值在 12 月，那么下一个 1 月的观测值为乘以最后的 1 月观测值，下一个 2 月的观测值为乘以最后的 2 月观测值，以此类推。1 月的两步向前预测值为乘以最后 1 月的观测值，向前预测值的乘积系数以速率指数递减，其他月份类似。

5.5.2 季节 MA 模型

$$y_t = \mu + \varepsilon_t + \Theta \varepsilon_{t-12} \tag{5-36}$$

我们有：

$$\hat{y}_t(1) = \mu + \varepsilon_t + \Theta \varepsilon_{t-11}$$
$$\hat{y}_t(2) = \mu + \varepsilon_t + \Theta \varepsilon_{t-10}$$
$$\cdots\cdots\cdots\cdots\cdots\cdots$$
$$\hat{y}_t(1) = \mu + \varepsilon_t + \Theta \varepsilon \tag{5-37}$$

以及：

$$\hat{y}_t(1) = \mu\quad l > 12 \tag{5-38}$$

根据方程（5-35）和式（5-36）我们可以得出，向前预测第一年的各月份预测值不同，除此之外，其他向前预测值均为时间序列模型的均值为 SARIMA$(0,0,0) \times (0,1,1)_{12}$ 模型。

5.5.3 SARIMA$(0,0,0,) \times (0,1,1)_{12}$ 模型

SARIMA$(0,0,0,) \times (0,1,1)12$ 模型为：

$$x_t - x_{t-12} = \varepsilon_t + \Theta \varepsilon_{t-12} \tag{5-39}$$
$$x_{t+1} = x_{t+1-12} + \varepsilon_{t+1} + \Theta \varepsilon_{t+1-12} \tag{5-40}$$

因此，我们得到：

$$\hat{x}_t(1) = x_{t-11} + \Theta \varepsilon_{t-11}$$

$$\hat{x}_t(2) = x_{t-10} + \Theta\varepsilon_{t-10}$$

....

$$\hat{x}_t(12) = x_t + \Theta\varepsilon_t \quad (5-41)$$

以及

$$\hat{x}_t(l) = x_t + \Theta\varepsilon_t \quad l > 12$$

根据方程（5-40）和式（5-41），我们得到，所有 1 月的向前预测值相同，所有 2 月的向前预测值相同，其他月份同样成立。

如果我们递归该模型，可以得到：

$$x_t = (-1-\Theta)(x_{t-12} - \Theta x_{t-24} + \Theta^2 x_{t-36} - \cdots) + \varepsilon_t \quad (5-42)$$

从而，有：

$$\hat{x}_t(1) = (-1-\Theta)\sum_{j=0}^{\infty}(-\Theta)^j x_{t-11-12j}$$

$$\hat{x}_t(2) = (-1-\Theta)\sum_{j=0}^{\infty}(-\Theta)^j x_{t-10-12j}$$

....

$$\hat{x}_t(12) = (-1-\Theta)\sum_{j=0}^{\infty}(-\Theta)^j x_{t-12j} \quad (5-43)$$

根据方程（5-43），我们可以看出 1 月的向前预测值是所有 1 月已知观测值的一个指数加权移动平均，其他月份同样成立。

5.5.4 SARIMA(0,1,1,)×(0,1,1)$_{12}$ 模型

（1）基本概念。

SARIMA(0, 1, 1,)×(0, 1, 1)$_{12}$ 模型同样可以转化为：

$$x_t = x_{t-1} + x_{t-12} + x_{t-13} + \varepsilon_t + \theta\varepsilon_{t-1} + \Theta\varepsilon_{t-12} + \Theta\varepsilon_{t-13} \quad (5-44)$$

向前预测值满足：

$$\hat{x}_t(1) = x_t + x_{t-11} - x_{t-12} + \theta\varepsilon_t + \Theta\varepsilon_{t-11} + \theta\Theta\varepsilon_{t-12}$$

$$\hat{x}_t(2) = \hat{x}_t(1) + x_{t-10} - x_{t-11} + \theta\varepsilon_t + \Theta\varepsilon_{t-10} + \theta\Theta\varepsilon_{t-11}$$

$$\cdots\cdots\cdots\cdots\cdots\cdots\cdots$$

$$\hat{x}_t(12) = \hat{x}_t(11) + x_t - x_{t-1} + \theta\varepsilon_t + \Theta\varepsilon_t + \theta\Theta\varepsilon_{t-1}$$

$$\hat{x}_t(13) = \hat{x}_t(12) + \hat{x}_t(1) - x_t + \theta\Theta\varepsilon_t$$

$$\hat{x}_t(l) = \hat{x}_t(l-1) + \hat{x}_t(l-12) - \hat{x}_t(l-13) \tag{5-45}$$

（2）我国财产险赔付率的 SARIMA 模型预测。

根据前面拟合的 1999.01 至 2017.02 我国财产险赔付率的模型 SARIMA $(6,1,0,) \times (3,1,4)_{12}$，预测 2017.03 至 2017.07 我国财产险赔付率（见表 5-3）。

表 5-3　　　　　　财产险月度赔付率 SARMA 模型预测值

月份	2017.03	2017.04	2017.05	2017.06	2017.07
预测值	0.5006409	0.4612455	0.5115827	0.4548748	0.5197365

5.6 基于 GARCH 模型的我国财产险赔付率分析

5.6.1 理论概念

在 ARIMA 模型后，建立 GARCH 模型。GARCH 模型理论依据是 Engle 于 1982 年最早提出的 ARCH 模型，用来描述波动集群性和持续性。Bollerslev 于 1986 年提出了改进的 ARCH 模型，即 GARCH 模型，该模型弥补了在有限样本条件下，ARCH 模型阶数过大所带来的计算效率与精度上的不足。后来学者又提出了 TGARCH、EGARCH、ARCH-M、GARCH-IN-MEAN 等模型，统称为 ARCH 族模型。

Engle 将 ARCH 模型定义为：对于某时间 R_t，其变化规律可以描述为：

$$R_t = C + \varepsilon_t \tag{5-46}$$

误差项 ε_t 满足期望值为 0，方差为 σ_t^2 的正态分布。

$$\sigma_t^2 = \alpha_0 + \sum_{i=1}^{p} \beta_i \varepsilon_{t-i}^2 + \sum_{j=1}^{q} \gamma_j \sigma_{t-j}^2 \qquad (5-47)$$

式 (5-46)、式 (5-47) 分别被称为均值方程和方差方程。为了克服高阶 ARCH 带来的不精确性，Bollerslev 提出了 GARCH 模型在随后的研究中，有些学者为了刻画不同性质的冲击对预期收益的影响提出了 EGARCH 模型。

GARCH-M 模型的提出是为了衡量收益的风险回报，在 GARCH 模型方差方程不变的情况下在均值方程中加入度量风险的量 σ_t^2。基于以上模型，对保险上市公司的收益率波动进行较全面的分析。

5.6.2 不同 GARCH 模型的回归结果

（1）ARMA (6, 1) + GARCH (1, 1) 模型的估计结果。

均值方程为：

$$\begin{aligned}
\text{payratio}_t &= 0.6514 + 0.07261 \text{payratio}_{t-1} + 0.09147 \text{payratio}_{t-2} \\
&\quad + 0.01798 \text{payratio}_{t-3} - 0.06177 \text{payratio}_{t-4} - 0.01464 \text{payratio}_{t-5} \\
&\quad - 0.3349 \text{payratio}_{t-6} + \varepsilon_t + 0.1499 \varepsilon_{t-1}
\end{aligned} \qquad (5-48)$$

方差方程为：

$$\sigma_t^2 = 0.008707 + 0.3427 \varepsilon_{t-1}^2 + 1e-08 \sigma_{t-1}^2 \qquad (5-49)$$

（2）基于正态分布假设的 GARCH (1, 1) 模型的估计结果。

均值方程为：

$$\text{payratio}_t = 0.5376 \qquad (5-50)$$

方差方程为：

$$\sigma_t^2 = 0.001757 + 0.00304 \varepsilon_{t-1}^2 + 0.9649 \sigma_{t-1}^2 \qquad (5-51)$$

财产险赔付率正态假设 GARCH (1, 1) 标准化残差 QQ 图，如图 5-5 所示。

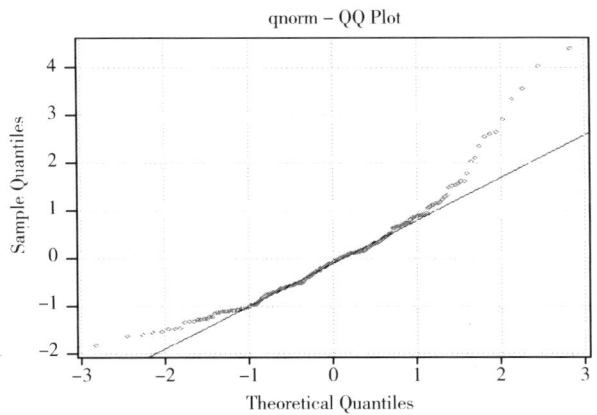

图 5-5　财产险赔付率正态假设 GARCH（1，1）标准化残差 QQ 图

（3）基于标准差 t 分布假设的 GARCH（1，1）模型的估计结果。

均值方程为：

$$\text{payratio}_t = 0.534 \qquad (5-52)$$

方差方程为：

$$\sigma_t^2 = 0.001756 + 0.004562\varepsilon_{t-1}^2 + 0.9415\sigma_{t-1}^2 \qquad (5-53)$$

财产险赔付率标准差 t 分布 GARCH（1，1）标准化残差 QQ 图，如图 5-6 所示。

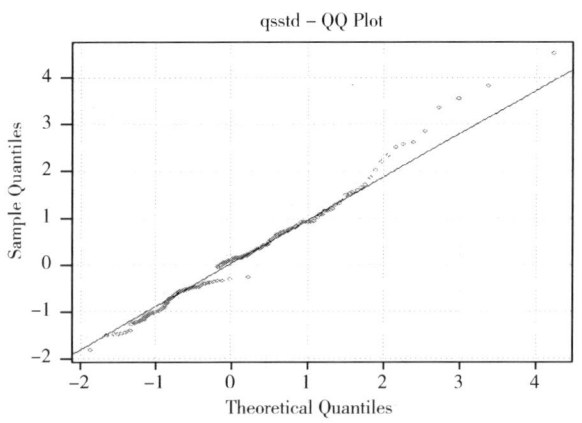

图 5-6　财产险赔付率标准差 t 分布 GARCH（1，1）标准化残差 QQ 图

5.6.3 GARCH 模型选择

(1) GARCH 模型。

AR 模型不存在异方差,模型估计系数无法满足无偏性、一致性和有效性,因此,本书建立 GARCH 模型进行研究。选择 GARCH (1,1) 建立 GARCH (1)、简化 GARCH (1)、GARCH (1,1) - st 模型。

图 5-7 显示,财产险赔付率标准差 t 分布 GARCH (1,1) 标准化残差基本上是一个白噪声序列,因而该模型是一个相对较好的模型。

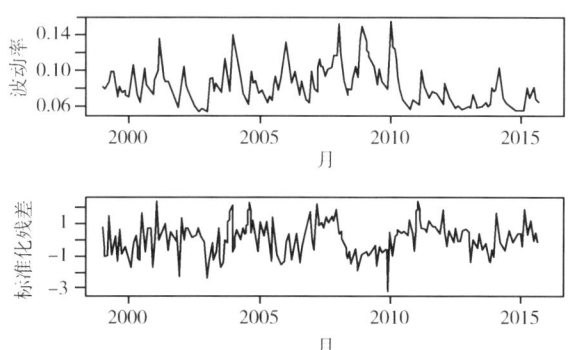

图 5-7　财产险赔付率标准差 t 分布 GARCH (1,1) 标准化残差时序图

(2) 财产险赔付率标准差 t 分布 GARCH (1,1)。

表 5-4 中财产险赔付率标准差 t 分布 GARCH (1,1) 模型 ARCH 效应检验结果表明,模型已经消除 ARCH 效应,该模型通过检验。

表 5-4　财产险赔付率标准差 t 分布 GARCH (1,1) ARCH 效应检验

检验方法	统计量	p - value
LM 检验	15.2791	0.1222
秩检验	44.5369	2.6e - 06

5.6.4 结论与建议

对政府和监管机构而言，制定政策需要仔细斟酌，政策要相对柔和，而不宜过于激烈，否则会造成保险上市公司股价波动过大，带来市场的不平稳。对于保险公司而言，应该稳健经营，尽量避免公司内部的情况较大变化而引起股价波动，给股东带来不必要的损失。对投资者个人而言，需减少投机心态，培养正确的投资意识，并且要深刻理解股市的风险性，不应盲目跟风造成自己不必要的损失。

第6章

保险本质的再认识：一个产权经济学的视角

6.1 引言

在保险理论体系中，保险本质理论处于最基础、最核心的地位，对保险本质的界定直接决定了不同保险学派的学术分野。自国内保险业务恢复以来，保险本质几度成为学术界争鸣的焦点，各家各派见仁见智，难见统一。可以说，正是因为对保险本质认识的不统一，才使学术界在保险功能等一系列基础保险理论上难以达成一致；使得人们在保险业发展到一定阶段以后，对其未来发展方向产生了迷惑。进入新世纪后，我国保险业在改革发展的实践中出现了许多新情况、新问题，新的保险实践呼唤新的保险理论。保险理论要发挥好对实践的指导作用，必须在保险本质理论等方面取得新的突破。

不可否认，多年的学术争鸣也帮助学者们找到了彼此的交集并就诸多方面形成了共识，为后续的研究构筑了共同的理论平台，也为弥合分歧，减少不必要的争论指明了方向。但我国学术界对保险本质的认识主要是在马克思主义哲学的经典范式下，基于政治经济学的视角取得的。进入新世纪后，学术界在保险本质的研究上亟须采用更为先进的方法，以取得新的突破，运用产权经济学研究保险的本质正是顺应这一趋势的产物。从产权经济学的角度看，保险是保险组织先占有保险费所形成的保险基金的产权，再向因保险事故发生而遭受损失的被保险人让渡部分保险基金的产权，帮助投保人转移风险、分散损失的风险管理机制，其本质是投保人以保险费的确定性产权交换保险金的不确定性产权。从产权经济学的角度来考察保险的本质,为学术界深入开展对保险本质的研究开辟了新的途径,有助于提高对保险本质认识的全面性与准确性。

6.2 保险本质的争鸣及其共识

6.2.1 保险定义的分歧与共识

多年来,理论界一直试图为保险给出一个简明、清晰的定义,但大量的、多角度的研究只是得出了更多的互不相容的定义。《辞海》对保险的定义是,保险是以集中起来的保险费建立保险基金,用于补偿因自然灾害或意外事故所造成的经济损失,或对个人因死亡、伤残给予补偿的一种方法。我国《保险法》第二条规定:本法所称保险,是指投保人根据合同约定,向保险人支付保险费,保险人对于合同约定的可能发生的事故因其发生所造成的财产损失承担赔偿保险金责任,或者当被保险人死亡、伤残、疾病或者达到合同约定的年龄、期限时承担给付保险金责任的商业保险行为。这个定义其实只是商业保险的定义,是保险概念的定义。学者们的分歧很大。林宝清(1993)认为,保险是多数单位或个人基于特定危险事故或事件所致经济损失的补偿需要,以一定的组合并利用货币形式实现对少数成员损失补偿的平均分摊行为。刘茂山(2000)认为,保险是指保险人向被保险人提供的服务劳动形成的一种服务商品。孙祁祥(1996)指出,保险是一种经济补偿制度,这一制度通过对有可能发生的不确定性事件的数理预测和收取保险费的方法,建立保险基金;以合同的形式,将风险从被保险人转移到保险人,由大多数人来分担少数人的损失。

综合这些定义,不难发现:从财务的角度看,保险是一种分摊意外损失的财务安排;从法律的角度看,保险是一种一方同意补偿另一方损失的合同安排,体现为平等的民事主体之间的权利义务关系;从社会的角度看,保险是一种社会经济保障制度,是社会经济生活中"精巧的稳定器";从风险管理的角度看,保险是一种风险转移和风险分散的风险管理技术。但无论怎样表述，目前学术界关于保险的定义还是形成了如下的共识：保险是风险转移、风险分散的风险管理手段；是"人人为我，我为人人"的社会互助机制；是社会经济补偿制度的重要形式和组成部分；是分散危险，补偿损失的一种财务机制；是涉及保险双方利益关系的一种合同行为。

6.2.2 保险本质的分歧与共识

国内外理论界在保险本质界定上的分歧更大。国外早有"十九大学派"之说，国内也有"四大关系"之别。林宝清（1993）认为，保险本质就是多数单位或个人基于特定危险事故或事件所致经济损失的补偿需要，以一定的组合并利用货币形式在实现对少数成员损失补偿的平均分摊过程中所形成的互助共济的分配关系。简言之，保险本质就是在参与平均分担经济损失补偿的单位或个人之间形成的一种互助共济的分配关系。用公式表示就是，保险的本质＝保险质的规定性＋保险的辩证本质，保险质的规定性即保险的定义；保险的辩证本质即保险分配关系。刘茂山（2003）认为，保险的本质即保险自身所具有的特殊矛盾以及由这一特殊矛盾所决定的经济补偿（给付）职能和对社会经济的保障作用的统一。保险自身所具有的特殊矛盾可简称为"短缺"与"需要"之间的矛盾，其根本特征在于：由于各种风险事故的发生导致生产要素和生活要素的损失，进而导致生产要素和生活要素的短缺，而产生的满足不了社会生产和社会生活正常运行对生产要素和生活要素需要之间的矛盾。保险则是在商品经济条件下，所产生的解决这一特殊矛盾的特定形式，这也就是保险的本质。魏华林（2004）指出，保险反映的是一种经济关系，这种经济关系的本质是"经济保障"。"经济保障"是集散风险与损失补偿的统一，是表现、衡量和实现保险商品价值时所起的作用。

学术界在保险本质界定上的分歧是显而易见的。刘茂山与林宝清两位教授均试图通过分析保险关系内部的特殊矛盾或矛盾的特殊性来揭示保险的本质，但从同一点出发并未使两位教授得出一致的结论。刘茂山教授将"社会经济生活领域中的一种特殊矛盾"逐步内化成了"保险自身所具有的特殊矛盾"。事实上，这种矛盾是社会要求保险解决的,社会运行中所包含的而非"保险自身所独有的"特殊矛盾。它是保险产生的原因,即保险渊源于这种特殊的矛盾,是解决这种特殊矛盾的特殊方式。保险本质应由其内部矛盾决定而不应由其产生的原因决定,产生原因只能回答保险产生的社会经济背景而不能解释其特殊的运行机制。林宝清教授用一个公式来表述保险的本质:保险的本质=质的规定性+辩证本质。他指出事物质的规定性属于事物"不甚深刻的本质",即表现于事物外部现象的可感知的本质特征,不能反映事物的全部本质。他还指出事物内部的"特殊矛盾"才是事物的"更深刻的本质",即事物的辩证本质。事物的内部关系就是事物内部矛盾的对立统一,即其辩证本质,因而,保险的辩证本质就是一种特有的分配关系,即保险分配关系。但对什么是保险经济现象内在矛盾的特殊性,林教授仅给出了"内部同一性和相异性的对立统一"的解释。这种"内部同一性和相异性",究竟是指保险关系人之间的"同一与相异"呢?还是指保险运行机制(或保险分配关系)内部矛盾着的两面之间的"同一与相异"呢?此外,质的规定性与辩证本质之间的关系同事物的质与本质之间的关系有何异同也有待探讨(事物的质与本质是既相联系又有区别的两个范畴。质是事物区别于他物的规定性,它与存在具有直接的同一性,可被人们直接感知;本质是事物所固有的、相对稳定的内在联系,它决定着事物的性质,由事物本身所包含的特殊矛盾构成。事物的质是多方面的,而本质存在于质之中,它是事物最一般的决定性的东西。本质比质更深刻、质比本质更丰富和多样。本质相对现象来说是一种间接的存在,本质决定现象,它通过现象表现出来。事物的本质不能被人们直接感知,而要靠抽象思维去把握)。相对而言,刘茂山教授与魏华林教授的共同之处要多一些,他们都认为保险本质是保险内部的特殊矛盾、功能与作用的统一。其表述都受到了《辞海》的影响。《辞海》对本质的定义是:事物内部的联系,它由事物的内部矛盾所规定,是事物的比较深刻的、一贯的和稳定的方面。这个定义后面还有一个尾巴,即"本质从整体上规定事物的性能和发展方向"。所以,两位教授在定义完保险的本质后,也为其加了一个尾巴,又认为它是本质、功能与作用的统一。

三位教授在保险本质认识上的共识还是要多于分歧,其主要共识如下:保险是一种经济关系或经济范畴，是一种特殊的分配关系，是社会经济保障制度中的一种重要形式。在商品经济条件下，绝大部分保险已成为商品。综合三位教授的论述，笔者认为保险的内部矛盾应该是"少数成员的损失"与"多数单位或个人的补偿"之间的矛盾。简言之，就是"个体的损失"与"集体的补偿"之间的矛盾。"损失"是少数成员因"特定危险事故或事件所致的经济损失"；"补偿"是"多数单位或个人平均分摊"。这种"少数成员的损失"与"多数单位与个人通过平均分摊的方式进行补偿"或"对少数成员损失补偿的平均分摊"才是真正的保险内部的特殊矛盾。保险不能解决社会运行过程中所有的"短缺"与"需要"之间的矛盾，而只能解决保险关系人之间的"损失"及其"补偿"问题。保险的内部矛盾是其自身运行中的"损失"与"补偿"，是矛盾着的两个面之间的对立与统一，而不是保险关系人之间的对立与统一，更非其产生原因内部矛盾着的两个而之间的对立与统一。

6.3 保险风险的低相关性与保险赔付的低或然性

作为风险管理工具的一种，保险的作用并不是无限的。它只能承保具有可保性的纯粹风险，其中很重要的一个要求就是风险的低相关性。同一险种所承保的全部或绝大部分标的不能同时出险，在不同时间段里同一险种所承保的标的不能持续不断地出险；在同一时间段里同一险种所承保的标的不能全部出险。换言之，保险标的出险是随机的、独立的，彼此之间不具有相关性。唯有如此，大数定律才有其适用空间，风险才具有保险意义上的可经营性。保险人才能通过集中大量的、低相关性的同质风险使保险标的实际出险概率向理论概率无限逼近，从而实现经营的可预测性与稳定性。此外，从风险管理的角度看，只有对那些出险概率低、损失金额大的风险进行保险转移才具有经济上的合理性。理性的投保人只会为此类风险投保，保险人一般也不会承保其它类别的风险。

保险承保风险相关性低和出险概率低的特点，决定了保险赔付的低或然性。保险经济关系虽然常常被描述为一种"我为人人，人人为我"的分配关系，但对具体的投保人,在其参加保险的绝大部分时间里可能只是在反复地"我为人人",很少会得到"人人为我"。这正是保险运行的基本机制,即众多的投保人向保险人投保,缴纳少量的保险费,建立起巨额的保险基金,对少数投保人因保险事故发生所遭受的损失提供经济保障。保险运行机制的特殊性使部分学者认为它具有"积德保障职能",认为保险人具有"舍己为人"的精神;甚至部分保险研究者至今仍认为保险交易是非等价的,少数人所获得的超过其所缴保费的保险赔款是对其他多数投保人的"侵占"。

其实,损失补偿原则决定了保险只是风险管理的一种财务手段,只能在保险事故发生后补偿被保险人的经济损失而不能保证保险事故的不发生,它最多只能使被保险人在经济上恢复到损失发生前的状态,任何被保险人都不可能从保险事故中获利。事实上,被保险人之所以购买保险也只是希望受损后能够获得经济补偿,迅速恢复生产、稳定生活,而非从中得利。此外,根据损失可计量性的要求,被保险人肉体上的疼痛和精神上痛苦是得不到保险赔偿的。我们虽不能断言投保人总是在希望"我为人人",但真正的、理性的投保人应该总是在避免而非期待"人人为我"的出现。因此,保险的基本思想虽然通常被形象地比喻为"取丰补歉",即所谓的"聚平时之金,救一时之难;合百家之力,解一家之危",但在一定时期内,大部分投保人只是被取了"丰"而没有被补到"歉"是完全正常的。这正是由保险风险出险概率低和相关性低的特点所决定的保险赔付的低或然性,也是保险机制得以健康运行的关键,它能确保由众多投保人所缴纳的保险费足够保险人履行对少数被保险人的赔偿义务。

具体投保人"取丰"与"补歉"的不对等,并不意味着保险是一种非等价的交换关系。如前所述,在商品经济下绝大部分保险已成为商品。商品交换必须服从价值规律,遵循等价交换的原则,至少交换的双方认为是等价的,否则在平等自愿的基础上将不会出现任何保险交易。此外,从概率论的角度看,无论是个别的保险交易,还是总体的保险交易都是等价的,都没有违反等价交换的原则。完全撇开概率来谈"取丰"与"补歉"的不对等;不考虑货币的时间价值而把少数险种所谓的"低费率"当成保险人利他主义的表现;忽视保险基金是保险人的负债而非资产的性质;认识不到保险资金运用只是增强了保险人的偿付能力，最终都会在保险费率上反映出来的事实；仅对保险费与保险金进行简单的数值比较就断言"保险是一种非等价的交换关系"是毫无理论根据的。而且，在法制健全、不存在普遍性的强卖现象、投保人不可能长期受骗的欧美国家，保险业繁荣的事实也不支持这样的结论。整个保险理论都是建立在概率空间之上的，我们不能从保险交易的最终结果，即保险事故发生与否已成为确定性事件之后，再来进行保险金与保险费之间的数值比较，并藉此断言保险交易的非等价性。

6.4 保险本质的产权经济学分析

产权是财产权的简称。由于研究侧重点和视角的不同，人们对产权的内涵有不同的理解。科斯认为产权是指由于财产的存在及关于它们的使用所引起的人们相互认可的行为关系。德姆塞茨认为，产权是使自己或他人受益或受损的权利。从产权经济学的角度看，保险的本质就是保险费确定性产权的让渡与保险金不确定性产权的获取，期间只存在产权形式的转换而不存在产权的灭失。投保人通过向保险人让渡处于无风险状态下的、确定的、数额较小的保险费的产权来换取风险状态下的、不确定的、数额较大的保险金的产权，即用确定性的产权交换不确定性的产权；用确定性的小支出代替不确定性的大损失；用确定性的对价换取状态依存的获赔权或索赔权。因为保险金产权、保险获赔权或索赔权是或有的，是状态依存的，在保险有效期内，它只是一种期待性的产权。一旦保险事故发生，被保险人遭受损失，这种或有的产权就会转化为现实的产权。

6.4.1 保险费收益权的产权分析

在相互保险或合作保险中，保险费是参保人为取得会员资格，获取获赔权所缴纳的会费，是参保人对少数会员因保险事故发生而遭受损失的赔偿款的平均分摊额。在商业保险中，保险费是保险商品的对价，是投保人为获得保险商品的使用价值（经济保障）而放弃的价值，是为获得保障权而放弃的财产权。奥地利学派的庞巴维克就认为，保险费是被保险人为获得意外损失补偿所支付的价值或价格。投保人通过支付确定金额的保险费,换来的是一旦遭受损失就可以获得经济补偿的承诺。保险费率即保险商品的价格,由保险金额的损失率决定,是保险获赔权或索赔权价值的货币表现。同样地,也只有在概率空间中,将保险费与保险金进行比较才有意义。此时两者的数值不等,但期望值相等,前者的概率恒等于1,而后者的概率恒小于1且接近于0。

从政治经济学的角度看,保险费收益权即保险保障权或保险商品使用价值的所有权。保险商品的使用价值可分为两个方面:一是免除恐惧,即观念上的保险消费;二是补偿损失,即实质上的保险消费。实质上的保险消费,指被保险人在保险事故发生遭受经济损失后能够获得保险赔偿的经济保障,这种经济保障是实实在在的,但并不意味着每位被保险人都会实实在在地获得赔偿。它通过损失弥补、财产恢复的方式来增加被保险人的效用。观念上的保险消费,指购买保险能消除或减弱被保险人对危险的焦虑与恐惧,获得心理上的安全感。它通过减少精神痛苦、增加心理安宁的方式来增加被保险人的效用。从产权经济学的角度看,保险费收益权是参保人支付保险费后应获得的各种收益的权利,也可分为两个方面:一是心理收益权,指享有风险防范的心理安全保障收益的权利;二是经济收益权,指享有获赔权兑现带来的收益和保险基金营运带来的收益的权利。每位被保险人都能够确定地获得保险费的心理收益权,都可以得到风险防范的心理安全保障。但由于个体风险厌恶程度和效用函数的不同,保险费心理收益权的个体差异性较大。每位被保险人都能够获得或有的保险费及经济收益权,在保险事故发生遭受损失后都能够获得经济补偿。由于这种权利是状态依存的,依赖于保险事故的发生和经济损失的存在,其兑现具有较大的不确定性。

但是,从概率论的角度看,保险费的经济收益权本身就是一种或有的权利,具有不确定性,但这种不确定性具有均衡性,其概率值为特定险种的保额损失率。根据风险同质性的要求,同一险种的保额损失率是相等的。在购买保险时,所有的投保人所获得的保险费心理收益权和保险费经济收益权的价值之和应等于保险费的价值,尽管这两种权利在不同投保人效用函数中的权重不同。因为保险费的经济收益权在投保时只是一种或有的权利,这种权利的最高限额等于保险金额,其价值量为保额损失率与保险金额的乘积,并等于保险费。保险费经济收益权是一种或然性的权利,其概率值应等于保额损失率而不应该要么为0,要么为1。如果仅从结果来看,保险事故不是处于可能发生的状态,而是要么发生了,要么没发生;保险费经济收益权兑现的概率要么为0,要么为1,确实是不确定且不均衡的。但这样考察保险费的经济收益权,颠倒了或然性事件与确定性事件之间的关系,显然是错误的。

从概率的角度看,在完全竞争的保险市场上,保险费心理收益权是确定且均衡的。根据费率厘定的公平性原则,不同风险水平的投保人应适用不同的费率;相同风险水平的投保人应适用相同的费率。理论上,同险种保险标的的风险水平是相同的,费率应该是相等的。因为保险费心理收益权是无形且无法计量的,依赖于投保人的风险厌恶程度与效用函数的形式,个体差异较大,投保人的逆选择不可避免。但博弈论告诉我们,保险人通过设定不同的免赔额(率)或对差额保险设定不同的费率档次完全可以甄别投保人的类型,从而实现分离均衡。这样,效用函数、风险厌恶程度和标的出险概率各不相同的投保人将会自动地进入同一险种中的不同组别,同一组别中的投保人的保险费心理收益权必然均衡。因此,同一险种中不同投保人的心理收益权不均衡只有在竞争不充分,经营方式粗放的保险市场中才会长期存在。此外,保险费的心理收益权也并非总是无形的,它有时是有形的,如企业购买保险后,可能会积极地开拓新的业务,获取更多的利润;个人购买保险后,可能会更积极地参与社会经济活动,获得更大的成功。

因此,无论是从单个的投保人来看,还是从全体的投保人来看,保险交易是等价且公平的。保险费收益权的价值即保险索赔权的价值,恒等于保险费的价值。保险费经济收益权是不确定但均衡的,保险费心理收益权是确定且均衡的。仅从结果来考察保险费的收益权,犯了将确定性事件当成或然性事件的错误,实际上是在考察保险事故发生与未发生状态下被保险人的福利变化,而不是在考察或然性的保险费的经济收益权。投保人之所以购买保险,只是希望在保险事故发生,遭受经济损失后能够获得保险赔偿的经济保障,或拥有保险索赔的权利,而不是都希望获得实实在在的保险赔偿,这样的保险是不存在的,投保人有这样的消费心理也是不健康的。投保人购买保险是要"防范于未然",是要转移处于不确定性状态下的风险而不是要管理已处于"已然"状态的保险结果。因此,将被保险人得到的赔款与其缴纳的保险费进行数值比较，是完全错误的。将全体被保险人当年所得到的赔款总额与其所缴纳的保险费总额进行数值比较同样没有道理，因为保险人在"好年景"里取得的赢余将自动转入总准备金中去，以应付"坏年景"的巨额赔付。静止地、仅从保险运行结果来考察保险收益权是错误的且危险的。

其实，购买纯保障性保险的保险费同企业进行套期保值所发生的支出并没有本质的区别，两者都只是要确保无论"事故"是否发生，避险者均处于交易前的状态。企业所以要进行套期保值，只是希望其未来收益（或支出）不变动，是要锁定其未来的收益（或支出），而非期盼着交易费用能带来收益，交易费用的收益权就是套期保值权。投保人购买纯保障性保险的支出是"纯消费性支出"，与购买普通商品的支出没有本质的区别，没有人期望为购买商品而支付的价款仍能带来收益，否则就真正构成了"侵占"。从风险管理的角度看，保险费的收益权就是使投保人持有保险标的和对应保单所构成的投资组合的收益的方差为零，是在不确定性的世界中获得确定性结果所必须支出的管理费用，是获赔权而非获利权。人们购买保险是买稳定，买平安而非买收益，对消费者在纯保障性保险上的保险费支出谈收益权不仅是不健康的消费心理，更会诱导道德风险，甚至犯罪行为。

此外，也不能因为保险人在某个阶段仅为"现金流"而承保，或降低保险费率，就认为保险交易是不等价的，或认为保险人是利他主义的。因为保险人的短期亏损可能正是它最大化长期利润的策略，保险人的财务平衡也不必是机械的年度平衡，而应是存续期内的动态平衡。只要满足监管当局的要求，自由竞争的保险人可以相机抉择地采取各种竞争策略，当然包括价格策略。

显然，这种"红利"很难说成是"保险公司对保险费收益权的部分出让"。该险种较传统险种也没有"更加强调经济利益上的共同分享"，而只是扩大保险人经营的安全边际。实践中，该险种的实际运行结果很少会比保险人的保守预计差，因而被保险人一般都有"红利"可分；当运行结果真比保守估计差时，保险人就无须分红，可以轻松地将因资金运用不力所产生的"三差损"转移给投保人。因此，认为该险种能使"保单持有者在享有一定的保险功能的同时，还可以参与分享保险公司的可分配盈余。"是没有理论根据的。

6.4.2 保险基金及其收益的产权分析

保险基金不同于保险资金。保险基金是由集中起来的保险费形成的，是保险人履行其或有赔偿义务的专项资金，在数量上等于未来可能支付的保险赔款的精算现值，实务中以各种准备金的形式存在。保险资金是保险基金与资本金的和，是保险人可以运用的全部资金，在数量上应大于保险人在最坏情况下应支付的保险赔款的精算现值，否则就会构成偿付能力不足的问题，保险人的业务开展将会受到限制，甚至被政府接管（大于其全部或有债务的值，以确保其不至破产。）。

众所周知，在相互保险或合作保险组织中，少数会员因保险事故所遭受经济损失的补偿款可直接由会员们的分摊认缴筹集，无须设立专项的保险基金。即使设有专项的保险基金，每个保险年度也会做到收支平衡，节余部分返还给会员。期间，全体参保人以或有产权（获赔权）的形式共同占有该基金，会员制（或社团性）的保险组织只是这笔基金的掌管者而已，重大决策由理事会而非董事会决定。在商品经济条件下，公司制的商业性保险组织取替了会员制的社团性保险组织，将原来仅存在于会员之间的保险获赔权（或获赔资格）商品化，或将原来仅在会员之间存在的互助共济性的保险分配关系商品化，将这种特殊的分配权或分配资格，即保险获赔权或索赔权变成了经营（或买卖）的对象。为了在时间上、空间上充分分散风险的需要，再由参保人于保险事故发生后分摊认缴少数成员的损失补偿款在管理上变得过于低效而不可行，于是保险公司就建立并掌管了专项的保险基金。公司制的保险组织代替会员制的相互或合作保险组织掌管由投保人的保险费所形成的保险基金，并没有改变其产权属性，全体被保险人依然以或有产权的形式拥有该基金的全部产权。保险公司只是在替全体被保险人掌管这笔保险基金而已，它本质上是保险公司的负债而非资产。对全体被保险人来讲，保险基金是保险人的确定性负债，这笔基金最终都要赔付给因出险而遭受损失的被保险人。但对具体的被保险人来讲，保险基金则是保险人的或有性负债，被保险人对该基金部分产权的取得须以保险事故发生且已造成损失为前提。因此，对纯粹保障性的保险商品来说，全体被保险人始终确定地拥有全部保险基金的产权，根本就不存在保险费的经济收益权问题。从这个意义上讲，保险公司应是世界上最古老的资产管理公司，替众多的被保险人掌管保险基金，并向他们中的少数"不幸者"支付保险赔款。保险基金在理论上等于所有赔款的总和，不会产生任何的节余。

弄清保险基金的来源与构成，无疑将有助于我们认识保险基金及其收益的性质。理论上，保单是保险公司进行或有负债的工具，是被保险人的或有债权凭证。保险人每出售一份保单，就增加一笔或有负债。在公平费率下，保险人收取的保险费越多，负债就越大。保单与存单的唯一区别是，前者是或有性的债权凭证而后者是确定性的债权凭证。储户的存款不是银行的资产，保险基金也不是保险公司的资产。保险基金仅来源于保险费中的纯保险费，而不包括附加保险费。理论上，在每一批保单到期后，由这笔保单的纯保险费所形成的保险基金必然已经全部赔付给了那些因保险事故发生而遭受经济损失的被保险人。保险公司之所以仍健康地运营是受到了后续的业务流的支撑，源源不断的业务带来新的附加保险费，形成新的保险基金和或有的保险负债。理论上，附加保费是保险商品的销售费用，包括合理的利润、人员薪资、税金、管理及水电等支出的总和。附加保费属于期间费用，在每个财务年度内（或每张保单的保险期限内）应做到收支平衡的，不是形成保险基金的来源。纯保险费是保险人商品化保险分配关系或分配权（或索赔权）的成本，可以形象地理解为保险商品的"生产成本或购进原价"每张保单的纯保险费等于其保险金额与纯费率的乘积，而纯费率又等于该险种的保额损失率与特定稳定系数的和。理论上，每张保单可能发生的保险赔款的精算现值必等于其纯保险费，全部保险赔款的精算现值之和必等于全部的保险基金，否则保险交易就不是等价且公平的交易。换言之，每张保单的纯保险费 + 该纯保险费的时间价值 = 该保单保险金额 × 该险种的保额损失率 = 该保单可能发生的保险金支出额 = 保险人在该保单上的或有负债额。保险人在厘定保险费率，即为保险商品定价时已经将保险费的时间价值计入到费率中了，被保险人再对保险费要求拥有经济收益权是毫无根据的。只不过这里的"时间"是指该险种出险标的自承保到出险的平均时间长度，而不是具体每个出险标的具体的出险时间。

这样，每位投保人所缴纳的纯保险费与其可能获得的保险金在数值上就不可能相等，因为两者之间是存在时间差的，必须将纯保险费的时间价值加上后，两者在数值上才能相等。通过分析，可以发现保险基金在数值上等于保险人未来将支付的保险金的精算现值，保险基金+保险基金的时间价值=保险金。保险基金运用所产生的收入只有超过保险基金时间价值的部分才是其真正"运用的收益"，该收益"来源于保险又必须回归保险"，目的是为了"实现保险的价值，而不是为了获利"，只是"增强了保险偿付能力和保障能力"而已。对费率公平的纯保障型的保险商品，这部分收益既不应归保险人所有，更不能以保险费经济收益权为名分发给被保险人，而是要自动地进入总准备金以应付未来巨灾赔付的需要，在性质上仍属于保险人的负债。

首先，保险人无法保证保险基金运用的收益率每年都能超过其应有的"时间价值"，必然是有盈有亏，不可能每年都是"好年景"（前几年寿险业的利差损即为佐证）；其次，纯费率仅等于保额损失率的期望值而非绝对值，附加的稳定系数不能保证保险人在最坏的情况下仍有足够的偿付能力，好年景的收益必须进入总准备金以应对不期的巨灾风险，"9.11事件"使多家保险公司多年的"收益"归零即为佐证；最后，在保险有效期内，保单的预定利率不可能恒等于每年的即期利率，大于即期利率会产生高的"时间价值"，反之会产生低的"时间价值"，而保险人有义务使其平均值等于纯保险费的长期"时间价值"。因此，保险基金应等于保险赔款的精算现值，这种"等于"不是指财务年度内、或某险种（某批险种）保险有效期内的平衡，而是保险公司存续期内的平衡。

目前，我国机动车第三者责任强制保险的费率广受置疑，其中很重要的一个因素就是社会大众无法理解这种平衡的长期性，只看到了保险公司在"好年景"的收益，而不关心坏年景可能的巨灾赔付。对纯保障性且费率公平的保险商品，主张被保险人应拥有保险费经济收益权的观点是错误且危险的。

保险基金及其收益并不是保险公司利润的来源，保险公司的利润应仅来自于附加保费。充分的竞争，有效的监管必将使保险基金的投资收益趋近于其时间价值。保险公司的短期超额利润可以来自保险资金的成功运用，但长期内则不可能做到。

储蓄性寿险中一部分是储蓄，另一部分是保险，其中主要的成份是储蓄。对保险部分，投保人拥有或有的产权，对储蓄部分则拥有确定性的产权。因而，被保险人在同一时间点上出险与退保所得到的支付额是不等的。退保仅能获得确定性的储蓄款的产权，而出险后或有的保险产权变成了确定性的产权，再加上原就确定的储蓄款的产权，其额度自然就不同了。

其实储蓄性寿险是保险最早的"代客理财"产品，不过这种理财是消极的、保守的、懒惰的理财，即仅以银行存款的形式存在而已。这种储蓄事实上也是通过投资来帮助投保人提高应对纯粹风险的能力。但值得注意的是，这种应对纯粹风险能力的提高，是投保人储蓄的结果，而不是保险保障的结果。因此，不能就认为现在的投资理财型险种是新的，原来没有的，而是原来早就具有，只是理财形式单一且保守、消极罢了。

当然，我们不能排除少数保险公司具有超强的资金运用能力，能够使保险基金的收益超过其应有的"时间价值"，获得高于社会平均投资收益水平的收益率。但即使如此，在完全竞争的纯保障型保险市场上，保险人不可能因拥有超强的投资能力而获得超额利润，被保险人也不可能拥有所谓的保险费经济收益权。毋庸置疑，资金运用能力强将增强保险人在承保中的竞争能力，使其在竞争中有更大的降价空间，获得更大的市场份额。在竞争的驱动下，保险人在资金运用上获得的超额利润最终必然会通过保险费率降低的方式回馈给投保人，即竞争会使长期内的投资收益率趋近于零。当然，其间存在时滞。因而，在完全竞争的保险市场中，市场规律决定了纯保障型的保险产品的费率必然会反映出保险人资金运用的盈亏，不会存在保险人对被保险人保险费的运用收益的掠夺问题。因此，在纯保障型保险商品市场上，长期内不可能存在保险资金运用的超额收益，即使有收益也是来源于承保业务而非投资业务，是"时滞"的原因使保险人不能迅速地将超额收益通过降低费率的方式返还给投保人。刘茂山教授（2003）指出，保险商品的价交换过程既包括投保人缴纳保费的活动过程和形式，同时也包括保险资金运用的活动过程与形式，是二者的统一过程；保险商品等价交换的价值是既包括缴纳的保费价值量，又包括保险资金运用的收益的价值量，是二者的总和。这一论述全面地揭示了保险商品的等价交换过程，使保险商品等价交换的认识从静态走向了动态。保险基金运用不可能存在长期的、超过其"时间价值"的收益,被保险人也就不可能对保险费拥有经济收益权的问题了。

　　理论上,保险公司的利润应该来自于附加保险费,但保险人显然不会满足于此。在不完全竞争市场上,当监管当局监管能力不足时,保险人必然会提高纯保险费率以获得更多的利润。同时,保险人通过游说,俘获监管者,设定更低的预定利率,人为地降低保险费的"时间价值",然后将人为降低的这部分时间价值转换成其"投资收益",转化为其具有超强投资能力的产物,直接变成其超额利润的情况也不能排除。这时,认为保险人掠夺了投保人的保险费的收益权似乎有一些道理。

6.5 创新型寿险投资收益的产权属性

　　分红险只是采取谨慎策略定价的传统寿险。保险人在为分红险定价时一般采用保守的利息率、死亡率和附加费率,实际运行就极可能产生利差盈、死差盈和费差盈,保险人于是按一定比例以"红利"的形式将部分"三差盈"返还给投保人。这些"红利"究竟是投保人较传统寿险多缴纳的保险费所产生的"时间价值",还是保险资金因运用而产生的投资收益,应视当时全社会的平均投资收益率和投保人多缴纳的保险费而定。但这种"红利"很难说成是"保险公司对保险费收益权的部分出让"。该险种较传统险种也没有"更加强调经济利益上的共同分享",而只是扩大保险人经营的安全边际。实践中,该险种的实际运行结果很少会比保险人的保守预计差,因而被保险人一般都有"红利"可分;当运行结果真比保守估计差时,保险人就无须分红,可以轻松地将因资金运用不力所产生的"三差损"转移给投保人。因此,认为该险种能使"保单持有者在享有一定的保险功能的同时,还可以参与分享保险公司的可分配盈余。"是没有理论根据的。

　　万能险只不过是缴费灵活的传统寿险,投保人每次缴费都被视为在当时时点上以趸缴的方式购买缴清保单,保单的保险金额相应地跟着增加,其实质与先后多次以趸缴的方式购买同一险种并无本质区别。如果非要说该险种具有抵御通货膨胀风险的功能,那也只是投保人自己在抵御而非保险人在帮助抵御。这种险种所积聚的"保险基金"运用的收益已经包含在其费率中了,不存在所谓的保险费收益权问题。

投连险是保险与基金两种金融工具的组合,与既购买保险又购买基金的投资组合没有本质上的区别。因而,在美国该类险种的销售人员既需具有保险从业资格,又需具有证券从业资格。近年来,我国的少数险种的保障成份太少,投资比重过大已引起了监管当局与学术界的高度重视。刘茂山教授于1998年和2003年先后两次撰文提醒保险业不能偏离其本质,并指出这是保险业最大的风险;2004年郝演苏教授的一篇研究报告更是引发了全国性的"保险泡沫论"的学术争鸣,学术界对进入投资账户的保险费的属性展开了激烈的争论。争论的初步结论是,在法律没有明文禁止、混业经营已成为全球性趋势的背景下,保险业可以发挥范围经济的优势经营投资理财型的险种,这有助于壮大保险业资金运用的规模,实现规模效益,也有利于充分利用保险业现有的投资理财能力,支持、带动保障型保险业务的发展。对于进入投资账户的保险费,多数专家仍习惯性将其称为"保险费",但大都主张单独核算。那么投保人是否对这部分"保险费"拥有保险费经济收益权呢?答案是肯定的,但这部分保险费是否仍属于传统意义上的保险费就值得商榷了。投连险的原始形态是储蓄性寿险,即储蓄与保险两者的混合,储蓄本身就是保险资金运用的原始形态,投连险的唯一不同是投资方式更积极。

此外,保险业的发展必须坚持"两个轮子"的发展战略。应该承认,国内保险业务自恢复以来一直在坚持两个轮子的战略,不过那时的投资业务仅表现为银行存款而已。该战略不是对承保业务重要性的忽视,而是承保利润的实现形式,存放入保险柜内的保险费的时间价值将无从实现。保险公司的利润应该是来源于承保业务,而实现于投资业务,两者互相依存,不可偏废。但坚持"两个轮子"战略并不是要否定承保业务与投资业务"本与末""主与次""重与轻"的关系。投资业务决定于承保业务,并反作用于承保业务。投资业务做不好的保险人,其在承保业务的优秀表现将不具有可持续性。因此,这种提法形象且不缺少科学性。

资本市场的投资环境向好时,保险人必然充分地发挥其投资能力,获得在承保

第6章 保险本质的再认识：一个产权经济学的视角

市场的降价空间，并借助承保市场扩大可运用资金的规模以进一步提高投资能力。因为两者是相辅相成的，争论保险公司的利润究竟来自何处没有多大的现实意义。

储蓄性寿险与既持有短期寿险保单，又持有分期存款存单的投资组合并无本质区别，唯一的区别是前者能防范死亡时间过早或过晚的风险。因为储蓄性寿险中的寿险部分的均衡费率不过是自然费率经平均后的结果而已。投保人持有那些保险责任只有意外险或重疾险，保险金额仅略高于所交保险费的"纯投资型保险"，不一定优于持有具有同样保障作用的保单与基金的投资组合。简言之，投保人所支付的，进入投资账户的保险费本身就是购买基金的价款，它自始至终都归投保人所有，其收益权当然归投保人所有，而且它的全部风险也完全由投保人承担。如果说人们对储蓄性寿险进行改良，进而推出投资连结保险是为了避开保险本来无法克服的被预定了的利率风险（一种长期风险大的投机性风险）的话，那么投连险其实只是选择变动更快的市场利率风险（一种短期波动大，长期风险小的投机性风险）。显然，储蓄性保险与投连险中的储蓄部分与投资部分的保险费只能是投保人利用投机性风险获利的本金，而不是应对纯粹性风险的"保费"，而且这部分保险费在理论上可以是无穷大。这部分保险费的支出表面上虽无助于投保人对纯粹风险的管理，但有助于投保人从投机风险中获利，间接地有助于提高投保人应对纯粹风险的能力，这也正是国际保险业朝混业经营方向发展的原因，因为利率风险与通胀风险最终还是会削弱保险的保障能力与绩效。但我们决不能因为投资于投机风险有助于提高投保人管理纯粹风险的能力就认为该部分保费就应该属于保险费的范畴。投资虽然也具有不确定性，但这里的不确定性是收益的不确定性而不是损失的不确定性，不能藉此认为投保人用于投资的款项也属于保险费。更不能因为投资也具有部分保障功能就断言，投资也是理论意义上的保险。理论与实务之所以仍将这部分款项称为保险费，那是习惯与约定俗成使然，同现在的广义寿险概念一样。对进入投资账户的资金，投保人始终拥有100%的产权，当然也拥有收益权，不仅如此还要风险完全自担。这时保单持有人对基金所拥有的产权份额是确定的而非或有的，但基金的净值会随市场风险而波动。投保人对这类险种中进入投资账户中的"保险费"拥有收益权，并不意味着他对其他类别的险种的保险费也应该拥有收益权。投连险除包括变额寿险，还包括变额万能寿险,该险种综合了万能险与变额的优点,是两者的有机结合。

投连险是保险人为避免利差损而推出的创新型寿险保单,有利于保险人将保险资金运用的风险全部转由投保人承担。在该类险种中,保险人的利润主要来源于资产管理费收入,这在理论上跟附加保费没有本质区别,因为附加保费也是保险人管理保险基金的一种管理费。它有利于保险人发挥范围经济的优势,充分利用现有的资产管理能力,扩大可运用资金的规模,实现规模效益,争取更大的发展空间的策略。

怎样界定保险商品是保障型的,还是投资型的。显然应以进入保障账户和投资账户中的保险费比例为准,因为保险费的价值必恒等于这两种权利的价值之和。保险金额仅是不同保险商品使用价值量的测度,不同险种属不同类的商品,其使用价值不具有可比性,即不同险种的保险金额不具有可比性。相反,保险费是保险商品的价值,不同险种的价值具有可比性。因此,认为应以保险金额而不以保险费为辨别险种投资型、保障型的标准是不对的。

6.6 结论与启示

试图从根本上改变保险费收益权履行的不确定性和不均衡性,将会出现两种情况:要么所有的投保人同时出险,且每位投保人的保额损失率均与其所缴保险费占保险基金的份额相等;要么所有的被保险人都不出险。这将是对整个保险机制的否定,而不是对保险商业性质的弱化,或强调经济利益上的共同分享。

投保人购买投资型保险的意图应该是"除了保险保障,还有投资收益",而不是"除了投资收益,还有保险保障"。投保人的追求应该是两者兼得,而不应该厚此薄彼!仅注重投资的投保人宜直接购买基金,也可既购买保险,又购买基金,除非购买投连险,即同时购买基金与保险具有比较优势。

必须告诉投保人,其用于购买基金的保险费总额,以便于其可以与同类的基金相互比较收益率,决定取舍。同时,为稳定业务,在投保人退保时可以考虑将基金与保险分离,尽量使投保人只退出其中的一个而不是两者同时退。

第7章

我国上市保险公司股价研究

7.1 基于GARCH模型的中国平安股价研究

7.1.1 研究背景

近年来,我国经济的快速发展和居民保障、投资需求的急剧上升带动了保险业的蓬勃发展。保险公司上市融资对活跃资本市场,扩大自身资金优势和提升品牌价值都有极大的意义。保险公司上市进程慢于国内其他行业的公司,目前只有中国人寿、中国平安、中国太平洋保险和新华保险成功在A股上市,但可以预见未来将会有更多新的保险公司挂牌上市。

保险上市公司作为保险业的代表公司,反映了整个行业的发展状况,同时也是整个行业发展的"排头兵",所以研究保险类股票的波动性对上市公司、投资者以及整个国民经济都具有重要意义。

本书在对A股上市的中国平安的波动性进行统计描述的基础上,通过建立GARCH、RUGARCH、EGARCH、TGARCH-11和GARCH-M模型,对每日收益率进行动态分析,力求刻画此类股票收益率波动的情况,最终得出一些结论。

保险公司相对其他行业的公司A股上市较晚,并且数量较少,本书选取已上市的中国平安自2011-4-13至2017-7-7的收盘价作为建模数据(数据来自雅虎)。

7.1.2 模型建立

GARCH 模型理论依据 Engle 于 1982 年最早提出了 ARCH 模型（auto regressive conditional heteroskedasticity），用来描述波动集群性和持续性。Bollerslev 于 1986 年提出了改进的 ARCH 模型，即 GARCH 模型（generalized auto regressive conditional heteroskedasticity），该模型弥补了在有限样本条件下，ARCH 模型阶数过大所带来的计算效率与精度上的不足。后来学者又提出了 TGARCH、EGARCH、ARCH-M、GARCH-IN-MEAN 等模型，统称为 ARCH 族模型。

Engle 将 ARCH 模型定义为：对于某时间 R_t，其变化规律可以描述为：

$$R_t = C + \varepsilon_t \qquad (7-1)$$

误差项 ε_t 满足期望值为 0，方差为 h_t 的正态分布。

$$h_t = \alpha_0 + \sum q_i \varepsilon_{t-i}^2 \qquad (7-2)$$

式（7-1）、式（7-2）分别被称为均值方程和方差方程。为了克服高阶 ARCH 带来的不精确性，Bollerslev 提出了 GARCH 模型。在随后的研究中，有些学者为了刻画不同性质的冲击对预期收益的影响提出了 EGARCH 模型。

（1）平稳性和相关性相关性。

从图 7-1 中可以看出，中国平安股价序列非平稳。为了进一步检验其平稳性，对序列进行 ADF 检验。ADF 检验 p 值为 0.6246，在 5% 不拒绝序列非平稳的原假设。因而接受存在单位根的原假设，中国平安股价不是一个平稳的时间序列。为分析计，需对其作平稳化处理，处理方式为差分。

对调整后的中国平安股价对数收益率序列 $rtn = (\log(R_t) - \log(R_{t-1}))$ 做 ADF 检验，ADF 检验 p 值为 0.01，在 5% 不拒绝序列非平稳的原假设。因而接受存在单位根的原假设，中国平安股价对数收益率是一个平稳的时间序列，可以对其进行建模。

对中国平安股价对数收益率序列的 BOX-Ljung 检验 p 值为 0.001，在 5% 不拒绝序列为白噪声的原假设。

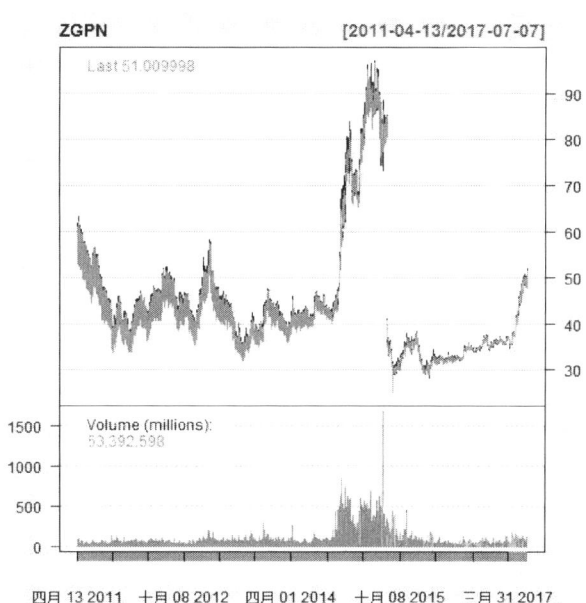

图 7-1 中国平安股价走势

因此选择建立 AR 模型，建立滞后 1 阶的 AR 模型。对于日收益率序列的自回归模型，进行残差以及残差平方做自相关检验。

$$\text{rtn}_t = -0.0115\text{rtn}_{t-1} - 0.7916\varepsilon_{t-1}$$
$$\text{Se.} \quad (0.0319) \quad (0.0191) \quad\quad\quad (7-3)$$

(2) ARCH 效应检验。

ARCH 效应检验通过拉格朗日乘数检验，来判断中国平安股价对数收益率序列 ARIMA 模型的残差序列是否存在 ARCH 效应（见图 7-2）。

残差的检验结果表示存在 ARCH 效应，应选择 GARCH 模型。GARCH-M 模型的提出是为了衡量收益的风险回报，在 GARCH 模型方差方程不变的情况下在均值方程中加入度量风险的量 $\gamma\sigma_t^2$，本书基于以上模型，对保险上市公司的收益率波动进行较全面分析。

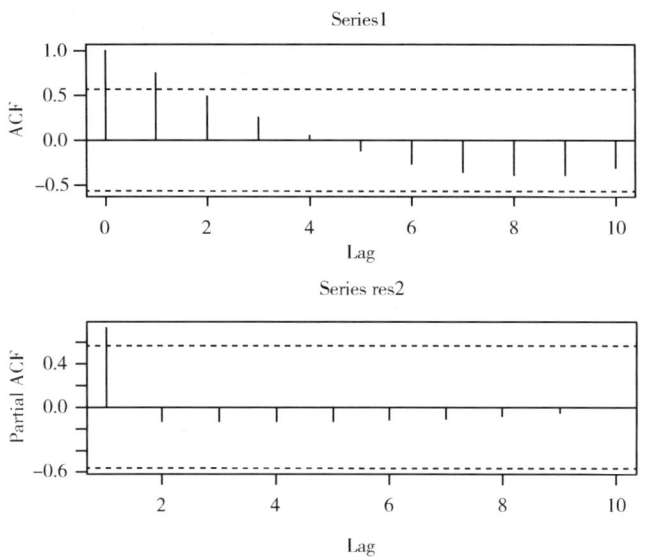

图 7-2 中国平安股价收益率的自相关与偏自相关函数

7.1.3 GARCH 模型选择

(1) AR 模型不存在异方差，模型估计系数无法满足无偏性、一致性和有效性，因此，本书建立 GARCH 模型进行研究。选择 GARCH (1, 1)。

均值方程：$\quad rtn_t = -0.0037 - 0.1866 rtn_{t-1}$

方差方程：$\quad \sigma_t^2 = 0.0083 + 0.2339\varepsilon_{t-1}^2 + 0.656\sigma_{t-1}^2 \quad\quad (7-4)$

中国平安(1,1)模型的 $\alpha_1 + \beta_1$ 小于 1，模型满足平稳条件，说明随机冲击对上市保险公司股价波动影响的持续时间是有限的。但是 $\alpha_1 + \beta_1$ 的数值均很大，非常接近于 1，说明保险类股票市场波动对冲击的反应函数是以一个相对较慢的速率衰减，随机冲击的影响还是具有相当程度的持续性。当证券收益率一旦受到冲击出现异常波动时，则在短期内很难得以消除。因此，保险类股票的波动十分剧烈，总体风险很大。

如果 α_1 大，表明该公司对外部冲击（可以认为是各种经济信息发布、新政策影响及股份公司的变动情况）造成的股价波动反应较快。

第7章 我国上市保险公司股价研究

如果 β_1 大，表明该公司相应对股价波动性消减缓慢且将持续存在。也表明其股价对国家政策、经济信息和上市公司信息等不敏感。$\alpha_1 + \beta_1$ 值大，说明外部冲击引起的股价波动持续性更强，市场的记忆期更长。

（2）收益率波动非对称性研究。

为了检验波动对利好消息和利空消息的反应是否对称，我们对中国平安建立 EGARCH 模型。

均值方程： $\mathrm{rtn}_t = 0.000305$

方差方程： $\sigma_t^2 = -0.4875 - 0.0173\varepsilon_{t-1}^2 + 0.9358\sigma_{t-1}^2$

$$+ 0.0594\,[\,I\,(\varepsilon_{t-1} < 0)\,] \quad (7-5)$$

在 EGARCH (1, 1) 模型，系数 γ 在 5% 显著水平上为正，这说明中国平安股票存在明显的杠杆效应。也就是说，相对于利好消息来说，利空消息会引起股票更大的波动。

中国平安 $|\gamma|$ 系数大，这说明中国平安股票投机行为比较严重，大多数投资者不够专业和理性。一旦有利空消息，就会对股票市场造成较大的冲击。

（3）收益率波动与风险补偿关系的研究。

股市风险是指对投资者预期收益与实际收益的背离，或者说是股票收益的不确定性。一般来说，风险越大，收益越高。本书运用 GARCH – M 模型考察中国平安股票风险与收益的关系。

均值方程： $\mathrm{rtn}_t = 0.000645 + 0.00301\sigma_t^2$

方差方程： $\sigma_t^2 = 0.0001 + 0.0424\varepsilon_{t-1}^2 + 0.8854\sigma_{t-1}^2 \quad (7-6)$

中国平安 $\delta > 0$。正值 δ 说明收益率与它的过去的波动正相关，即收益与风险的正相关。条件方差所表现出的风险立即在预期收益率中得到反映，体现出高风险伴随着高回报。

（4）建立 Tgarch 模型，在 5% 的水平下显著异于 0，说明利空消息反应大于利好消息反应。

均值方程： $\mathrm{rtn}_t = -0.003669$

方差方程： $\sigma_t^2 = 0.00704 + 0.0001\varepsilon_{t-1}^2 + 0.2137\left(\dfrac{\varepsilon_{t-1}}{\sigma_{t-1}^2}\right) + 0.7131\sigma_{t-1}^2 \quad (7-7)$

(5) 模型参数估计。

应用中国平安对数收益率 2011 - 4 - 14 至 2017 - 3 - 31 的交易日的数据进行分析分别进行 GARCH、eGARCH、GARCH - m、t - GARCH 模型拟合，对拟合结果进行分析，选择最优模型用来描述（见表 7 - 1）。

表 7 - 1　　　　　　　中国平安股价各 GARCH 估计对比

对比项	garch	egarch	garchm	Tgarch
loglikehood	3881.296	3884.79	3860.841	3911.731
mu	0.594	- 0.000172	1.01530e - 03	0.000373
ar1	0.504			0.306372
alpha1	<2e - 16	0.000934	1.11022e - 01	0.119794
beta1	<2e - 16	0.980149	9.13887e - 01	0.909848
gamma		0.158950	- 7.8502e - 02	- 0.061285
Elapsed time		0.234399	0.1562519	0.859468
Maxlikehood		3881.078	3884.547	

从前述看 Maximizedlikehood 最大是 rugarch，loglikehood 最小也是 rugarch，再综合各拟合结果，我们选择 RUgarch 模型作为最终模型。

7.1.4　结论与建议

(1) 保险公司股价风险较大、投机严重。波动研究表明，我国保险类股票和整个 A 股市场一样，表现为波动剧烈，风险较大。整个市场中投机气氛较浓，赌博心态比较重，这极大地不利于资本市场的正常发展。

(2) 股价容易受外界刺激的影响。保险类股票受外界刺激引起波动比较大，持续时间比较长。并且利好利坏消息对股价的冲击不对称，受政策影响比较大。这与我国的股票市场比较吻合。

(3) 我国上市保险公司保险收益率波动有积累效应。模型中 GARCH 项系数都为正值且统计显著，说明到期收益率波动具有连续性，即到期收益率当前的波动要受过去时刻的冲击，较大的波动后面往往跟随着持续时间更长的波动。

(4) 鉴于以上问题，对政府和监管机构而言，制定政策需要仔细斟酌，政策要相对柔和,而不宜过于激烈,否则会造成保险上市公司股价过大波动,带来市场的不平稳。对于保险公司而言,应该稳健经营,尽量避免公司内部的情况较大变化而引起的股价波动,给股东带来不必要的损失。对投资者个人而言,需减少投机心态,培养正确的投资意识。并且要深刻理解股市的风险性,不应盲目跟风造成自己不必要的损失。

7.2 中国人寿股票日收益率:基于 GARCH 族模型的分析

7.2.1 中国人寿股票日收益率的 GARCH 估计

选取来自 yahoo 财经的中国人寿日收盘价,样本区间为 2007 – 01 – 09 至 2017 – 04 – 21。

先对中国人寿日收盘价取对数进行转换,再对对数化后的日收盘价取差分,得到日对数收益。如图 7 – 3 显示,中国人寿日对数收盘率存在明显的波动聚集性。

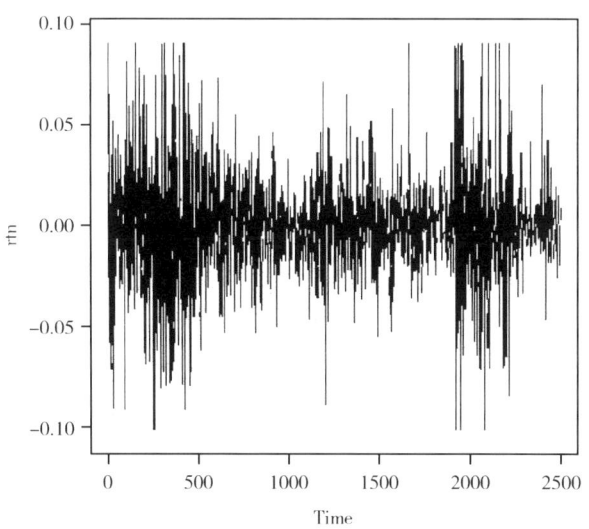

图 7 – 3 中国人寿日对数收盘率走势

如表7-2所示，中国人寿日对数收盘率序列的白噪声及ARCH效应检验结果表明，中国人寿日对数收盘率序列并非白噪声序列，并且存在ARCH效应。

表7-2　　　　中国人寿日对数收盘率白噪声及ARCH效应检验

检验方法	卡方值	自由度	P值
Box-Ljung	740.24	12	2.2e-16
ARCH LM	286.78	12	2.2e-16

ARCH效应检验LM方法，用LM检验残差平方序列的自相关性，即将序列的平方值作为波动率的代理量，若残差序列有自相关性，则说明当期波动与过去波动有关，初步判别原序列具有ARCH效应平方日收益序列存在自相关（取12阶滞后），检验的P值明显小于0.05，我们可以拒绝中国人寿日收益的平方序列是白噪声的原假设，即原序列（中国人寿日收益序列）存在ARCH效应。p值为2.2e-16，小于0.05，所以在5%的显著性水平下，我们可以拒绝序列不存在ARCH效应的原假设，即存在ARCH效应。综上所述，对于中国人寿日收益序列，我们需要使用GARCH模型建模（见图7-4）。

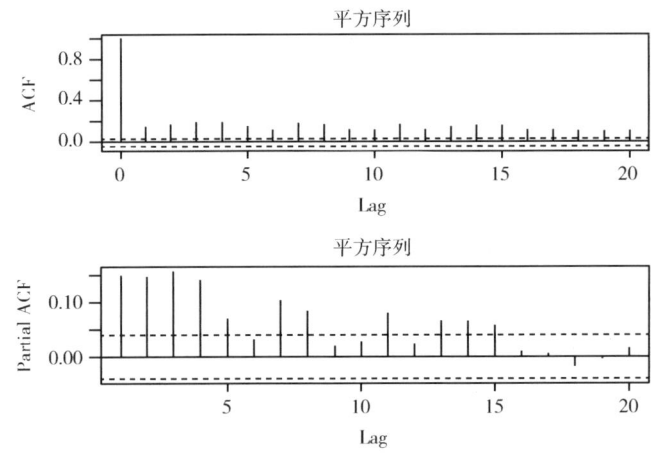

图7-4　中国人寿日对数收盘率平方序列走势

GARCH定阶可以使用aic或bic，取得的aic或bic最小值。在定阶时，需要注意GARCH的滞后阶数不宜过多，相对合适即可。为什么说是阶数相对合适呢？因为通常情况取GARCH（1,1）即可，但是为了更好地使用forecasting或者 fitting 模型，才会分别选用 aic 或 bic 标准筛选。但是如果一味追求 aic 或 bic，导致 GARCH 及 ARCH 项系数过多，则模型不稳定。通常来说，滞后阶数取 1～3 比较合适。最常使用也很适合金融时间序列的 GARCH 模型是 GARCH（1，1）。

7.2.2 建立正态分布 GARCH 模型

$$rtn_t = -0.0001364 + \varepsilon_t$$
$$\sigma_t^2 = 0.0000048 + 0.05522\varepsilon_{t-1}^2 + 0.9371\sigma_{t-1}^2 \qquad (7-8)$$

表 7－3 显示，GARCH 模型信息统计量均约为 －4.72，无法再下降。

表 7－3　中国人寿日对数收盘率正态分布 GARCH 模型信息统计量

AIC	BIC	SIC	HQIC
－4.7257	－4.7164	－4.7257	－4.7223

图 7－5 显示，GARCH 模型标准化残差的正态 QQ 图与正态分布相去甚远，说明基于正态分布假设的模型存在模型设定偏差。

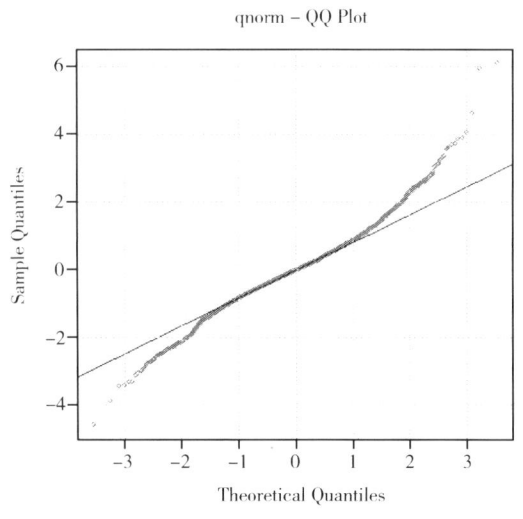

图 7－5　正态假定下 GARCH 模型标准化残差正态 QQ 图

(1) 建立学生 t 分布 GARCH 模型。

$$rtn_t = -0.000518 + \varepsilon_t$$
$$\sigma_t^2 = 0.0000024 + 0.05876\varepsilon_{t-1}^2 + 0.9414\sigma_{t-1}^2 \tag{7-9}$$

表 7-4 显示，学生 t 分布 GARCH 模型的信息标准统计量均约为 -4.79，显著小于正态 GARCH 模型信息统计量 -4.72，表明学生 t 分布 GARCH 模型优于正态 GARCH 模型。

表 7-4　中国人寿日对数收盘率学生 t 分布 GARCH 模型信息统计量

AIC	BIC	SIC	HQIC
-4.7987	-4.7871	-4.7987	-4.7945

图 7-6 显示，学生 t 分布假定下 GARCH 模型标准化残差正态 QQ 图与原假设相对贴得更近，说明学生 t 分布假定下 GARCH 模型优于基于正态分布假设的 GARCH 模型。

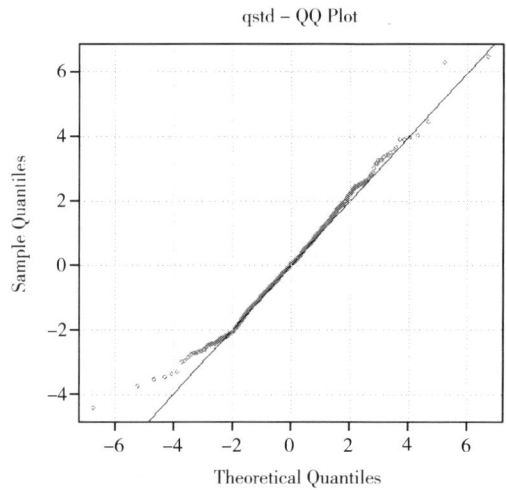

图 7-6　学生 t 分布假定下 GARCH 模型标准化残差正态 QQ 图

(2) 建立标准化学生 t 分布 GARCH 模型。

$$rtn_t = -0.0001454 + \varepsilon_t$$
$$\sigma_t^2 = 0.00000233 + 0.05858\varepsilon_{t-1}^2 + 0.9418\sigma_{t-1}^2 \tag{7-10}$$

第 7 章　我国上市保险公司股价研究

相对地，标准化学生 t 分布 GARCH 模型 $\alpha_1 + \beta_1$ 的值更接近于 1，说明标准化学生 t 分布以一个相对较慢的速率衰减，随机冲击的影响具有持续性。

表 7-5 显示，标准差学生 t 分布 GARCH 模型的信息标准统计量均约为 -4.80，稍小于学生 t 分布 GARCH 模型信息统计量 -4.79，但很难说两者存在实质性差异。

表 7-5　中国人寿日对数收盘率标准差学生 t 分布 GARCH 模型信息统计量

AIC	BIC	SIC	HQIC
-4.80	-4.7861	-4.80	-4.795

图 7-7 显示，标准差学生 t 分布假定下 GARCH 模型并不比学生 t 分布假定下 GARCH 模型更贴近原假设，说明两模型并不明显的优劣之分。

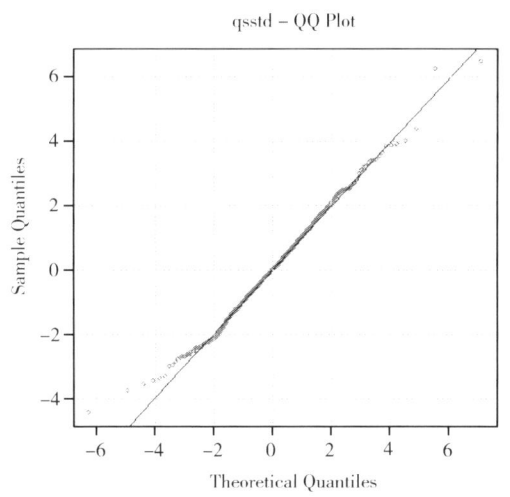

图 7-7　标准差学生 t 分布假定下 GARCH 模型标准化残差 QQ 图

（3）建立广义误差分布 GARCH 模型。

广义误差分布能更好地揭示收益率的厚尾和股市的杠杆效应。Leptokurtic 这个词指的是描述金融时间序列中金融资产收益率的分布的"尖峰厚尾"现象。换句话说，把所有的金融资产收益率放在一张统计图中就会发现，这个分布不是标准正态的，而是中部比标准正态要尖（尖峰），两边比正态分布要宽（厚尾：左右尾都比正态分布要厚一些）。以下为广义误差分布 GARCH 模型的估计结果。

$$\text{rtn}_t = -0.0005067 + \varepsilon_t$$
$$\sigma_t^2 = 0.00000327 + 0.05615\varepsilon_{t-1}^2 + 0.9395\sigma_{t-1}^2 \qquad (7-11)$$

相对地，广义误差分布 GARCH 模型 $\alpha_1 + \beta_1$ 的值更接近于 1，说明广义误差分布以一个相对较慢的速率衰减，随机冲击的影响具有持续性。

表 7-6 显示，广义误差分布 GARCH 模型的信息标准统计量均约为 -4.79，稍大于标准差学生 t 分布 GARCH 模型信息统计量 -4.80，但很难说两者存在实质性差异。

表 7-6 中国人寿日对数收盘率广义误差分布 GARCH 模型信息统计量

AIC	BIC	SIC	HQIC
-4.7994	-4.7878	-4.7994	-4.7952

图 7-8 显示，广义误差分布假定下 GARCH 模型比标准差学生 t 分布假定下 GARCH 模型更远离原假设，说明前者劣于后者。

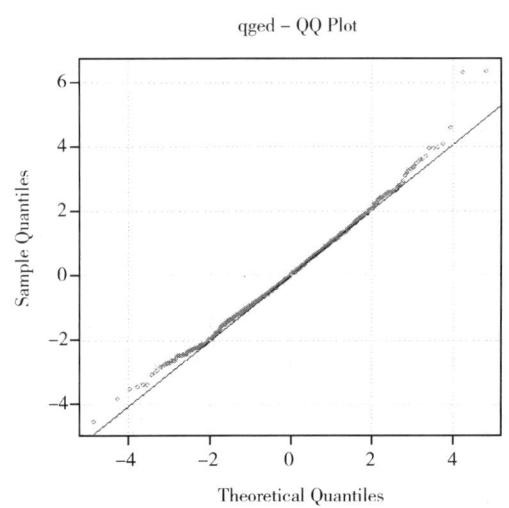

图 7-8 广义误差分布假定下 GARCH 模型标准化残差 QQ 图

（4）建立标准广义误差分布 GARCH 模型。

广义误差分布能更好地揭示收益率的厚尾和股市的杠杆效应。Leptokurtic 这个词指的是描述金融时间序列中金融资产收益率的分布的"尖峰厚尾"现象。

第7章 我国上市保险公司股价研究

换句话说,把所有的金融资产收益率放在一张统计图中就会发现,这个分布不是标准正态的,而是中部比标准正态要尖(尖峰),两边比正态分布要宽(厚尾:左右尾都比正态分布要厚一些)。以下为广义误差分布 GARCH 模型的估计结果。

$$rtn_t = -0.0001212 + \varepsilon_t$$
$$\sigma_t^2 = 0.00000309 + 0.05529\varepsilon_{t-1}^2 + 0.9405\sigma_{t-1}^2 \qquad (7-12)$$

相对地,标准广义误差分布假定下 GARCH 模型 $\alpha_1 + \beta_1$ 的值更接近于1,说明标准广义误差分布假定下 GARCH 模型能捕捉冲击衰减的缓慢性。

表7-7显示,标准广义误差分布假定下 GARCH 模型的信息标准统计量均约为 -4.80,稍小于广义误差分布 GARCH 模型的信息标准统计量均约为 -4.79,但很难说据此推断两者存在实质性差异。

表7-7 中国人寿日对数收盘率广义误差分布 GARCH 模型信息统计量

AIC	BIC	SIC	HQIC
-4.80	-4.7868	-4.80	-4.7957

图7-9显示,标准广义误差分布假定下 GARCH 模型比广义误差分布假定下 GARCH 模型更贴近原假设,说明前者优于后者。

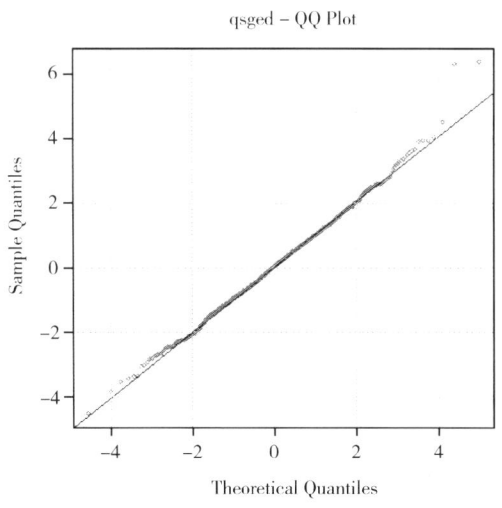

图7-9 标准广义误差分布假定下 GARCH 模型标准化残差 QQ 图

7.2.3 中国人寿股票日收益率各GARCH模型的优劣比较

建立GARCH类模型，分别采用5种分布：正态分布、t分布、标准-t分布、广义误差分布、标准广义误差分布。再察看系数显著性，AIC和BIC值对比，以及QQ-plot，我们发现GARCH模型3的系数比其他模型更显著（虽然模型4和模型5的拟合度都挺好，但是GARCH模型4和GARCH模型5系数不显著），可以排除。同时，各组模型AICBIC值较为接近，并且，从QQ-plot可以非常地看出，GARCH模型3的数据来自标准-t分布是相当符合的，所以我们选择GARCH模型3。

(1) 提取GARCH类模型的信息。

提取GARCH模型3模型估计的波动性和标准化残差，将两个序列均转化为时间序列，为后续检验准备数据。

(2) 模型检验。

图7-10显示，标准-t分布假定下GARCH模型较好地捕捉到了中国人寿股价的波动性，在时间节点上与市场实际情况高度吻合。标准-t分布假定下GARCH模型的标准化残差并不含有有效的信息，说明模型捕捉充分，并且反映了数据内含的信息。

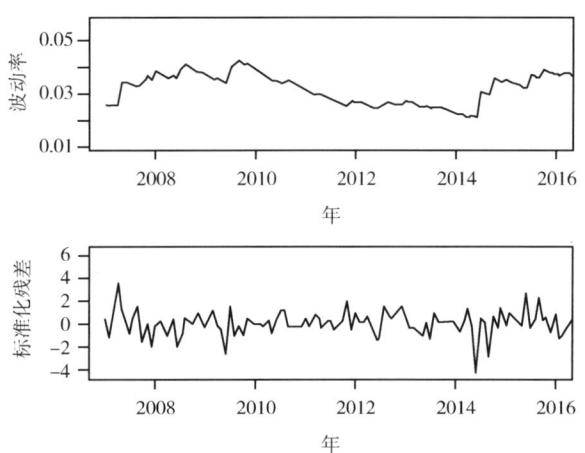

图7-10　标准-t分布假定下GARCH模型的波动率与标准化残差

图7-11显示，标准-t分布假定下GARCH标准化残差的自相关和偏自相关函数图均表明标准化残差存在自相关性。标准化残差平方则不存在相关性。

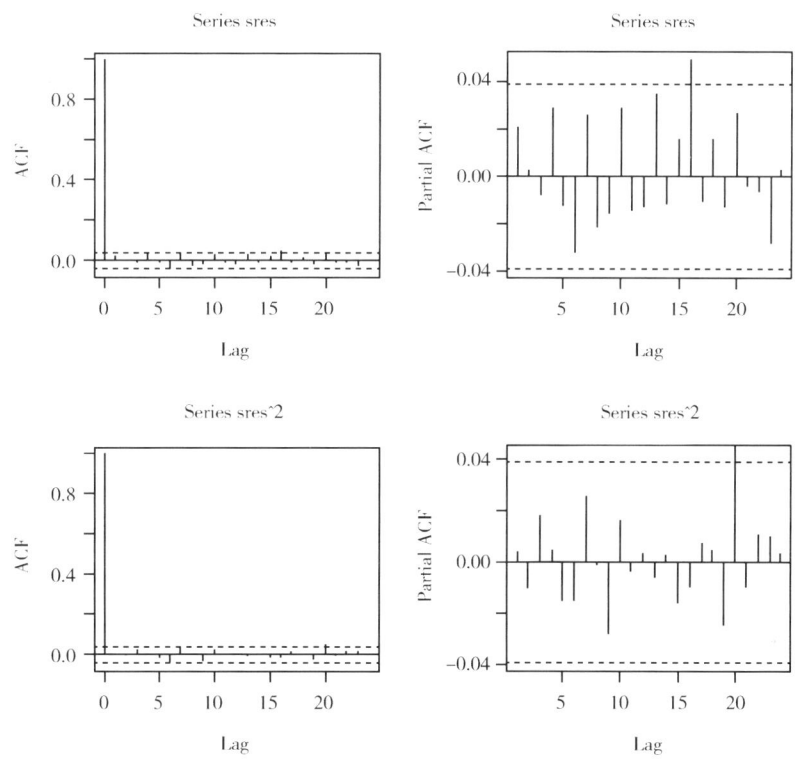

图7-11 标准-t分布假定下GARCH标准化残差及标准化残差平方的相关系数

图7-12显示，标准-t分布假定下GARCH模型的优势稍显脆弱，其标准化残差QQ图只是相对更贴近原假设而已，并不是十分完美。

通过画出波动率和标准化残差图，然后查看残差的acf，pacf和QQ图。同时残差的ARCH效应表明，LM检验的统计量为7.1511，概率值为0.8475，不能拒绝没有ARCH效应的零假设。因此，所拟合的模型GARCH模型3是充分的（见表7-8）。

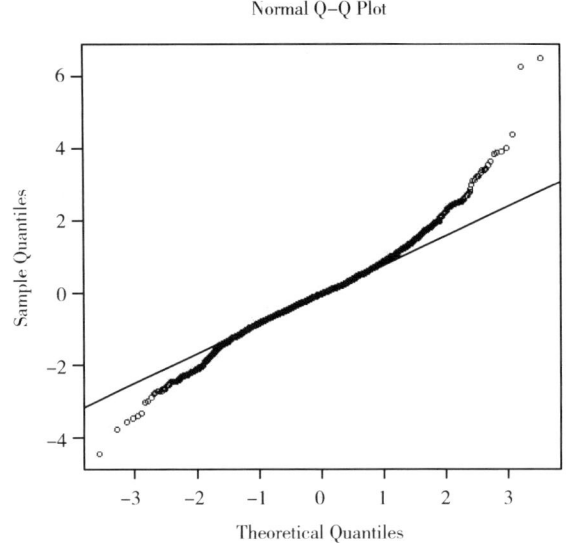

图 7-12　标准-t 分布假定下 GARCH 标准化残差 QQ 图

表 7-8　　标准-t 分布假定下 GARCH 标准化残差 ARCH 效应检验

卡方值	自由度	P 值
7.1511	12	0.8475

(3) 模型预测。

表 7-9 显示,预测距离越远,误差越大,符合预测的一般规律。

表 7-9　　标准-t 分布假定下 GARCH 模型 5 期预测

向前期数	预测均值	平均误差	标准差
1	0.01331939	0.01331939	0.01331939
2	0.01334236	0.01332031	0.01331874
3	0.01335749	0.01332564	0.01332468
4	0.01336972	0.01332976	0.01332945
5	0.01340314	0.01333412	0.01333459

7.2.4 中国人寿股票日收益率各 GARCH 模型的拓展分析

在构建 GARCH(p,q) 模型时，我们假设条件方差 σ_t^2 对正的冲击与对负的冲击是对称的。然而研究发现，金融市场尤其是股票市场中普遍存在非对称现象，如利空消息通常比利好消息带来更大幅度的价格波动，股票负的收益率比正的收益率导致更大幅度的波动，这种现象称为股票市场的"杠杆效应"。股票市场的杠杆效应显示，条件方差 σ_t^2 对正的冲击与对负的冲击是不对称的。只能描述对称性冲击的 GARCH 模型，在描述金融时间序列的这个统计特征方面存在着一定的缺陷。非对称的、拓展的 GARCH 模型，可以更好地描述股票市场的非对称性现象，这些模型包括 TGARCH 模型、EGARCH 模型等。

（1）TGARCH（1，1）模型。

TGARCH（1，1）模型的估计结果为：

$$rtn_t = -0.000177 + \varepsilon_t$$
$$\sigma_t^2 = 0.000005 + 0.053228\varepsilon_{t-1}^2 + 0.935677\sigma_{t-1}^2 + 0.00659d_{t-1} \qquad (7-13)$$

可以发现，拟合的非对称系数 gamma1 为 0.00659，符号为正，与预期符号相同，说明中国人寿股票波动性对利空消息的反应大于利好消息，但该统计系数不是十分显著。

表 7-10 显示，TGARCH（1，1）模型残差的 ARCH 效应表明，LM 检验的统计量为 7.3789，概率值为 0.8316，不能拒绝没有 ARCH 效应的零假设。即标准化残差的 ARCH 效应检验表明，残差已经不存在 ARCH 效应，即 TGARCH（1，1）的拟合是充分的。

表 7-10　　　　　TGARCH（1，1）模型 ARCH 效应检验

卡方值	自由度	P 值
7.3789	12	0.8316

（2）EGARCH（1，1）模型。

EGARCH（1，1）模型的估计结果为：

$$rtn_t = -0.00018 + \varepsilon_t$$
$$\sigma_t^2 = -0.087358 - 0.003435\varepsilon_{t-1}^2 + 0.987421\sigma_{t-1}^2$$
$$+ 0.137937([v_{t-1}] - E[v_{t-1}]) \tag{7-14}$$

可以发现，拟合的非对称系数 gammal 为 0.137937，符号为正，与预期符号相同，说明中国人寿股票波动性对利空消息的反应大于利好消息，但该统计系数不是十分显著。

表 7-11 显示，EGARCH（1，1）模型残差的 ARCH 效应表明，LM 检验的统计量为 8.906，概率值为 0.7109，不能拒绝没有 ARCH 效应的零假设。即标准化残差的 ARCH 效应检验表明，残差已经不存在 ARCH 效应，即 EGARCH（1，1）的拟合也是充分的。

表 7-11　　　　　EGARCH（1，1）模型 ARCH 效应检验

卡方值	自由度	P 值
8.906	12	0.7109

（3）GARCH（1，1）模型。

GARCH（1，1）模型的估计结果为：

$$rtn_t = -0.000134 + \varepsilon_t$$
$$\sigma_t^2 = 0.000005 + 0.05517\varepsilon_{t-1}^2 + 0.9372\sigma_{t-1}^2 \tag{7-15}$$

可以发现，这里 GARCH（1，1）模型的估计结果就是前述 GARCH（1，1）估计结果相同。

表 7-12 显示，GARCH（1，1）模型残差的 ARCH 效应表明，LM 检验的统计量为 7.4618，概率值为 0.8256，不能拒绝没有 ARCH 效应的零假设。即标准化残差的 ARCH 效应检验表明，残差已经不存在 ARCH 效应，即 GARCH（1，1）的拟合也是充分的。

表 7-12　　　　　GARCH（1，1）模型 ARCH 效应检验

卡方值	自由度	P 值
7.4618	12	0.8256

第7章 我国上市保险公司股价研究

（4）模型优劣比较。

① GARCH（1，1）与 TGARCH（1，1）模型的比较。

采用 GARCH（1，1）模型（是对称的）与 TGARCH（1，1）模型来探究中国人寿股票日数据的非对称性。

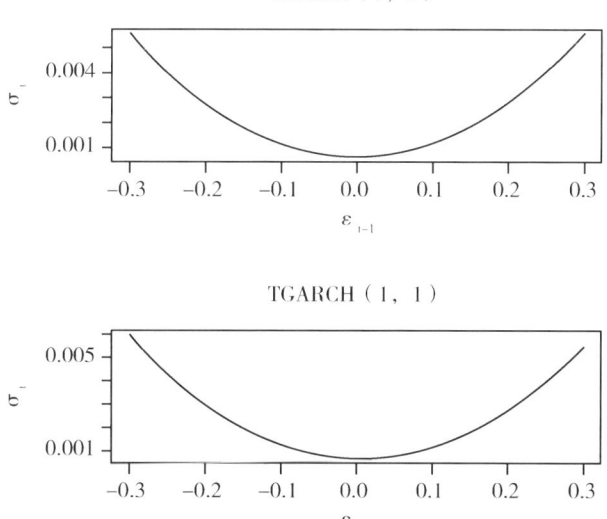

图 7-13　GARCH（1，1）与 TGARCH（1，1）对中国人寿股价非对称性的捕捉

图 7-13 描绘了中国人寿股票 GARCH（1，1）模型、TGARCH（1，1）模型的新闻影响曲线。股票 GARCH（1，1）模型对应的新闻影响曲线是对称的，而 TGARCH（1，1）模型是非对称的。TGARCH 系数 gamma1 = 0.00659 不显著，结合图 7-13，我们也可以看出弧线的左半部分只比右半部分略微倾斜，我们得出结论，中国人寿股票的波动性对利空消息的反应略微大于利好消息，正因为左半部分只比右半部分略微倾斜，所以系数 gamma1 不显著。

②GARCH（1，1）与 GARCH – M 模型的比较。

GARCH – M 模型的估计结果为：

$$rtn_t = -0.000248 + 0.270062\sigma_t^2 + \varepsilon_t$$
$$\sigma_t^2 = 0.000005 + 0.055204\varepsilon_{t-1}^2 + 0.937177\sigma_{t-1}^2 \qquad (7-16)$$

这里，archm 的系数为 0.270062，符合理论预期，但其伴随的 P 值为 0.827391，显示该值与 0 无异，很不显著。

表 7-13 显示，GARCH（1，1）模型残差的 ARCH 效应表明，LM 检验的统计量为 7.4414，概率值为 0.8271，不能拒绝没有 ARCH 效应的零假设。即标准化残差的 ARCH 效应检验表明，残差已经不存在 ARCH 效应，即 GARCH-M 的拟合是充分的。

表 7-13　　　　　　　　GARCH-M 模型 ARCH 效应检验

卡方值	自由度	P 值
7.4414	12	0.8271

GARCH-M 模型的估计结果表明，条件方差对股票收益率的影响系数（archm）为 0.270062，但其对应的 T 值为 0.21805，P 值为 0.827391，统计上很不显著。因此，中国人寿股票收益率和它的波动性没有显著关系，中国人寿股票的投资者们并不要求收益与风险呈正相关，从侧面反映中国人寿的投资者并不是成熟的投资者。

第8章

我国保险业发展影响因素的实证研究

8.1 引言

伴随着席卷全球的金融危机,我国保险业迎来了改革开放30年的历史时点。在保险业纪念改革开放30年的座谈会上,保监会主席吴定富指出保险业近三十年来的巨大变化,从根本上得益于我国经济社会的大发展,得益于改革开放的大背景。在这一进程中,思想观念的深刻变化是保险业大发展的前提和基础;改革的深入推进是保险业大发展的不竭动力;对外开放为保险业的大发展注入了巨大活力;现代保险监管的不断完善为行业健康发展提供了保障。吴定富主席从宏观的角度,高屋建瓴地总结了过去30年来影响我国保险业发展的主要因素。面对金融危机的严峻形势,保险理论界有必要从微观的角度具体回答,过去30年来究竟是哪些因素在推动我国保险业的发展;30年中这些因素又发生了哪些变化;未来还会有哪些因素能推动我国保险业发展,等等。全面了解、正确把握我国保险业发展的影响因素,既是保险业实践科学发展观的内在要求,又是保险业长期健康发展的重要保证。

本文在梳理、比较了理论界已经给出的各种影响我国保险业发展因素的基础上,试图以总保费收入为被解释变量建立起分析我国保险业发展影响因素的实证模型。我们先尽可能多地将前人总结出的变量汇集起来,然后对这些时间序列变量做平稳性检验，以防止伪回归（spurious regression）的发生；再用格兰杰因果检验来检验这些变量与总保费收入间的因果关系，将仅存在相关关系但不存在因果关系的变量排除掉，以防止无因回归（causeless regression）的发生；再用逐步回归法（stepwise regression）从这些属于总保费收入格兰杰原因的变量中挑选出对我国总保费收入最有解释能力的变量；最后在邹检验（Chow test）、DW 检验及 LM 检验的指导下，逐步尝试引入反映制度变迁的虚拟变量及总保费收入的滞后项以消除自相关性。在整个建模过程中力图避免引入解释变量的主观性与随意性，努力将定性分析与定量分析结合起来。

8.2 文献回顾

自国内保险业务恢复以来，保险理论界曾从多个角度对我国保险业发展的影响因素进行过深入的探讨。以时间为序，大致可分为早期、中期和近期研究。

早期的研究主要指 2000 年以前的研究，研究方法以定性为主，文章主要发表在《金融研究》及《经济研究》等期刊上。如"中国保险业发展研究课题组"（1990）认为，1980 年以来我国保险业的超高速增长，主要是由被抑制的保险需求释放所引起的，随着这种被抑制的需求释放完毕，我国保险业的发展将由超高速增长阶段转入常规增长阶段。林宝清（1992）根据 45 个国家 20 世纪 80 年代的相关数据计算了各国保险需求的弹性系数，还根据 22 个国家 60 年代的相关数据计算了各国保险需求的年均弹性系数。结果表明，各国保险需求的年均弹性具有相对稳定性，其均值为 1.034，95% 的置信区间为（1.015，1.058），开创了我国保险需求定量研究的先河。经过进一步的分析，林宝清（1993）还发现，保费收入与国民生产总值高度正相关。通过建立计量模型，林宝清和吴江鸣（2003）发现，社会总收入水平的提高是我国保险需求增长的主要原因；竞争的市场组织形式有利于我国保险业的发展；重大的产品创新将在短期内大大提升保险需求；通货膨胀对人身险，尤其是寿险的发展会产生重大打击，但对财产险的影响甚微。刘茂山（1994，2000）指出，保险不仅是经济现象，也是社会现象，其发展水平受到市场供给因素、经济基础因素、社会因素、人口因素、观念因素等诸多因素的影响。孙祁祥和贲奔（1997）认为，在中国保险业的发展过程中，政府的宏观经济政策和制度因素，即社会经济体制的变革在转变人们的风险意识和风险观念中，起着非常重要的作用，而且保险业的发展规模受到人们在满足当前积累和消费后的剩余的制约，即受到社会经济发展水平的制约。同年，孙祁祥又和孙金勇（1997）结合经济发展状况、财富积累和人民生活水平等因素对保险需求因素进行了分析，把影响保险需求的因素归结为经济环境因素和社会环境因素，经济环境因素包括经济发展水平、体制变迁及政府经济政策；而社会环境因素则包括人口、家庭结构及社区的演变。孙祁祥（2004）还发现，一国保险业的快速、健康及可持续发展取决于六大和谐环境，即和谐的供求、竞争、监管、经济、政策和社会环境。

中期的研究主要指 2000~2005 年的研究，定量研究开始占主流，文章零散地发表在《经济研究》等各级期刊上。如肖文、谢文武（2000）建立了一个保费收入和 GDP 的二元回归模型，并通过加入两个虚拟变量来说明政策因素的影响，文章认为保费收入与经济增长之间存在正相关关系，保险业的超常规发展完全依赖于 GDP 的高速增长。卓志（2001）以 1995 年以前的保险业发展数据研究了我国寿险业的影响因素，发现经济发展是影响我国寿险需求的重要因素，我国较低的人口教育水平，阻碍了寿险业的发展。李朝鲜、梁燕（2001）选取国民收入、储蓄利率、通货膨胀率和资本市场投资额作为解释变量对保险需求进行了分析，得出了保险需求与国民收入高度正相关，对利率敏感，对通货膨胀率和资本市场收益率不敏感的结论。王祺、陈梅等（2003）通过对经济发展水平、宏观经济政策和社会环境等因素的分析，发现保险业发展与国民经济发展存在着显著的相关关系。黄佐钘、吴凤平（2003）等通过回归分析，得出了产业结构、居民可支配收入、城镇人口数量、保险市场对外开放程度是影响寿险业发展的主要因素的结论。栾存存（2004）基于消费理论，认为收入和储蓄是人寿保险增长的内生变量，并通过实证分析表明收入因素是我国保险业、特别是人寿保险业发展的决定性因素，而保险业对储蓄因素呈正相关特征，但敏感性相对较低。粟芳（2004）通过对不同收入水平的国家进行分类，研究了收入分配的不公平与保险市场发展之间的关系。发现保费收入与收入水平显著正相关,但与收入差距显著负相关。陈之楚、刘晓敬(2004)运用多元回归模型对我国寿险需求的影响因素进行了分析,发现影响寿险需求的因素主要有国民生产总值、个人可支配收入、储蓄、恩格尔系数、利率和社会保障制度安排等因素。韩艳春、胡文富(2004)发现地区保险发展与人口多少、经济实力、文化习惯等有密切的联系,但不一定与人口、经济及文化的发展成正比。

近期的研究主要是指2005年以后的研究,定量研究占绝对主流,计量模型趋于复杂,文章主要发表在《数量经济技术经济研究》等计量类期刊上。如张芳洁(2005)通过计量分析发现,保费收入与人均可支配收入、居民储蓄存款、经济金融化程度、固定资产投资额成正相关关系,而与税收收入、第一产业比重呈负相关关系,但与通货膨胀率之间并没有明显的相关关系。张伟、郭金龙等(2005)的研究则表明,推动我国保险业长期稳定快速发展的根本动力是我国经济的长期持续快速发展,保险公司的数量和保险产品的种类与保险需求成正相关关系。黄薇(2006)发现,供给市场上提供保险服务的主体越多,人身保险的发展水平就越高;财产保险公司多的地区,财产保费收入也越高。钱珍(2006)则选取1980~2003年的时间序列数据,运用多元线性回归模型得出了GDP和固定资产投资与保费收入正相关,通货膨胀的影响则未能通过检验。梁来存(2006)的研究表明,人均收入水平较低和较高的国家(或地区),居民的边际保险消费倾向较低,而人均收入水平居中的国家(或地区),居民的边际保险消费倾向较高。2007年,通过建立影响寿险需求因素的多元回归模型,梁来存发现寿险需求的主要影响因子是寿险意识、经济增长、政府政策和产品创新。徐为山、吴坚隽(2006)采用面板数据模型对1991~2003年全球78个国家和地区寿险和非寿险的边际消费倾向进行统计分析后发现:经济增长与边际保险消费倾向存在"倒U型"关系,且经济增长对寿险的引致效应要高于非寿险。魏华林,杨霞(2007)检验了家庭金融资产总量增加与家庭保险需求间的正相关关系,发现随着家庭金融资产总量的不断增加,保险和退休金等资产的比重会逐步上升,得出了居民家庭金融资产的大量增加是我国保险业近年来快速发展重要原因的结论。曹乾(2008)利用向量自回归模型(VAR)和误差修正模型(ECM)对我国保险业增长的动力机制进行了探讨，得出了经济增长和保险产业的自组织和自增长是保险业发展最主要动力源的结论。利用单位根检验、格兰杰因果检验等计量经济方法，任燕燕和徐晓艳（2008）对我国保险业发展与经济增长的关系进行了实证分析，发现两者为近似的因果关系，经济增长对保险业发展的作用远大于保险业发展对经济增长的作用。展凯（2008）认为在影响我国保险业发展的因素中，GDP 是一个很重要的变量，通过建立一个保费收入与 GDP 的自回归分布滞后模型（ADL），发现 GDP 增长的大约 1% 将被用于保险消费。通过建立保费收入的多元回归方程，程志刚（2008）发现全社会居民储蓄余额、固定资产投资、个人可支配收入以及上一年度的保费收入都对当期保费收入有显著影响，但通货膨胀率的作用并不显著。他认为，全社会储蓄额的积累促进了居民财产及人身保险的需求；固定资产投资的增长，间接地拉动了保险需求；个人可支配收入的增长，为我国保险业增长提供了持续的动力；保险业自身经营能力的提高则是促进保险业发展的内部动力。

为便于分析，我们将文献中给出的影响我国保险业发展的主要因素汇总在表 8-1 中。由表 8-1 可见，学者们为我国保险业发展的影响因素开出了很长的清单。在如此众多的影响因素中，肯定有一些并不关键；有些变量可能仅与总保费收入存在相关关系而无因果关系；有些变量可能与其他真正关键的变量存在很强的共线性，不能被同时引入回归方程。如果将存在较强共线性的变量同时引入，回归方程的判定系数可能会很高，但稳定性将很差，失去对实践的指导意义。还有很多学者在进行回归分析前没有检验时间序列变量的平衡性，伪回归的存在会降低其结论的可靠性。制度变迁显然是影响我国保险业发展的关键因素之一，但学者们在引入制度变量时几乎都没有做断点检验，虚拟变量引入的主观性过强。

表 8-1　　　　理论界给出的影响我国保险业发展的主要因素

因素引入者	方法与模型	一级指标	二级指标（回归系数或相关系数的符号）
中国保险业发展研究课题组（1990）	定性分析	制度变迁	改革开放（+）

续表

因素引入者	方法与模型	一级指标	二级指标（回归系数或相关系数的符号）
林宝清（1992、1993、1996、2003、2004）	定性分析、回归模型、弹性分析、ANOVA分析等	制度变迁、GNP	可支配收入（+）、市场模式（+）、产品创新（+）、通货膨胀（-）、政策变量（+）
刘茂山（1994、2000）	定性分析、数理分析	市场供给、经济基础、社会因素、人口因素、观念因素	市场竞争程度（+）、产品结构（+）、管理水平（+）、服务态度（+）、经济发展水平（+）、经济结构状况（+）、收入水平（+）、社会保障水平（+）、城市化程度（+）、家庭结构（+）、人口数量（+）、人口质量（+）、风险的态度（+）、保险意识（+）
孙祁祥（1997、2004）	定性分析、回归模型、数理分析、OLS回归	经济环境、社会环境、六大和谐环境（供求、竞争、监管、经济、政策和社会）	经济发展水平（+）、制度变迁（+）、政策变量（+）、财富积累（+）、人口（+）、家庭（+）、社区发展（-）、人民生活水平（+）、风险意识（+）
肖文（2001）	多元回归模型	经济增长、制度变迁	GDP（+）
卓志（2001）	多元回归模型	经济增长、受教育程度	GDP（+）、成人文盲率（-）
李朝鲜（2001）	多元回归模型	国民收入、储蓄利率、通货膨胀、资本市场投资	国民收入（+）、利率（-）、通货膨胀（+-）、资本市场收益率（+-）
王祺（2003）	多元回归模型	经济发展水平、宏观经济政策、社会环境	GDP（+）
黄佐䋹（2004）	多元回归模型	产业结构、可支配收入、城镇人口数量、对外开放程度	产业结构（+）、可支配收入（+）、城镇人口数量（+）、对外开放程度（+）
栾存存（2004）	多元回归模型	经济发展水平	可支配收入（+）、储蓄存款（+）
粟芳（2004）	多元回归模型	收入水平、收入差距	收入水平（+）、收入差距（-）

续表

因素引入者	方法与模型	一级指标	二级指标（回归系数或相关系数的符号）
陈之楚（2004）	多元回归模型	经济发展、社会进步	GDP（+）、可支配收入（+）、储蓄存款（+）、恩格尔系数（-）、利率（-）、社会保障制度安排（-）
韩艳春（2004）	定性分析	人口、经济、文化	人口数量（+-）、经济实力（+-）、文化习惯（+-）
张芳洁（2005）	双对数模型、弹性分析	经济、社会、政策	人均可支配收入（+）、居民储蓄存款（+）、经济金融化程度（+）、固定资产投资额（+）、税收收入（-）、第一产业比重（-）
张伟（2005）	回归分析	环境因素、需求因素、供给因素	总人口（+）、居民可支配收入（+）、储蓄存款余额（+）、社会保障福利费（+）、CPI（+-）、保险公司数量（+）、活期存款利率（-）、政策变量（+）
黄薇（2006）	回归分析、逐步回归法	市场供给、经济基础、社会因素、人口因素	保险公司数量（+）、GDP（+）、第三产业比重（+）、人均可支配收入（+）、储蓄存款余额（+）、社会保障福利费（+）、城市化程度（+）、三人及以下家庭户占比（+）、人口总数（+）、人口抚养比（+）、成人文盲率（+）
钱珍（2006）	多元回归模型	经济、金融因素	GDP（+）、固定资产投资（+）、通货膨胀（+）
梁来存（2006）	Panel data 模型、多元线性模型、岭回归、因子分析、边际分析	经济增长、制度变迁、观念转变	人均收入水平（+-）、保险意识（+）、经济增长（+）、政府政策（+）、产品创新（+）
徐为山（2006）	Panel data 模型、回归分析、边际分析、弹性分析	经济增长、观念、意识	经济增长与边际保险消费倾向存在"倒U型"的关系
魏华林（2006）	实证分析、文献分析	经济增长、制度变迁、资产组合	金融资产总量（+）

续表

因素引入者	方法与模型	一级指标	二级指标（回归系数或相关系数的符号）
曹乾（2006）	回归分析、VAR 模型、VECM 模型	经济发展、保险业进步	GDP（+）、保险业自组织性（+）
任艳艳（2008）	回归分析、单位根检验、格兰杰检验	GDP	GDP（+）
展凯（2008）	回归模型、ADL 模型、ARMA 模型	GDP	GDP（+）
程志刚（2008）	回归分析 逐步回归、ARMA 模型	经济发展水平、保险业发展	居民储蓄余额（+）、固定资产投资（+）、个人可支配收入（+）、上年度保费收入（+）、通货膨胀率（+ -）、保险业经营能力（+）

8.3

模型设定 数据来源与处理

8.3.1 模型设定

鉴于二元模型无法综合反映各影响因素作用的强度与方向，多元对数模型容易扭曲原变量的信息，不仅回归容易失真而且结果难以解释。在前人的经验和变量散点图的启示下，本文拟引入以下多元线性回归模型，然后将重点放在解释变量的识别与选择上。

$$Y = \alpha + \beta X + u \tag{8-1}$$

其中，$X = (x_1, x_2, \cdots, x_k)$ 为 k 维外生解释变量矩阵；$\beta = (\beta_1, \beta_2, \cdots, \beta_k)'$ 为解释变量的系数向量；$u \sim N(0, \sigma^2)$ 为满足零均值、等方差的随机误差项；α 为截距项，代表自发的保险需求。

8.3.2 数据来源

本文将以我国1980~2007年的总保费收入（tpi）为被解释变量，以国内生产总值（GDP）、加权人均可支配收入（wdi），加权人均可支配收入＝城镇人均可支配收入×城镇人口/总人口＋农村人均纯收入×农村人口/总人口；城乡居民储蓄存款年底余额（save）、社会保障福利费支出（ssw）、全社会固定资产投资总额（inv）、对外经济开放度（imex），以进出口总额代表，计价单位为亿元，放弃使用对外经济依存度能同时保留GDP和imex两个变量；产业优化度（tert），以第三产业增加值占GDP的比重代表；真实利率（rir），真实利率等于名义利率减去当年的通货膨胀率，名义利率以当年各种利率使用的时间为权重加权得到；年底总人口数（popu）、全体国民平均受教育年限（edu）、保险公司数量（qic）和城市化率（urb）为备择解释变量建立多元线性回归模型。其中，tpi、GDP、wdi、save、ssw、inv、imex均为以1980年的物价水平为基准进行过调整的时间序列变量。除特殊说明外，以上变量的原始数据均来源于历年的《中国统计年鉴》《中国金融统计年鉴》《中国保险年鉴》和《新中国五十五年统计资料汇编》。

为考察制度变迁的影响，本文拟引入以下3个虚拟变量：D1（D1＝0，1994年以前；D1＝1，1994年以后）以反映国家于1994对保险公司实行以上缴利税为主的改革；D2（D2＝0，1998年以前；D2＝1，1998年以后）以反映亚洲金融危机的冲击和保监会的成立；D3（D3＝0，2002年以前；D3＝1，2002年以后）以反映加入WTO所带来的冲击和保险业的应对。

8.3.3 数据的预处理

8.3.3.1 变量的平稳性检验

为得到变量间的长期均衡关系，避免伪回归（Spurious Regression）的发生，需要检验变量的平稳性，具体的检验方法为单位根检验中的ADF法。检验时，先根据其基本时序图确定是否存在截距项和时间趋势项,以确定 ADF 检验的基本形式,然后根据赤池信息准则(AIC)确定滞后阶数,最后根据 ADF 统计量判断时间序列变量是否平稳,检验结果见表 8－2。

表 8－2　　　　　　　　　时间序列变量单位根检验的结果

变量	检验形式 (C, T, K)	ADF 统计值	临界水平 (显著水平)	平稳性
tpi	(C, T, 2)	2.417949	－3.238054*	不平稳
△tpi	(N, N, 3)	1.445911	－1.608495*	不平稳
△2 tpi	(N, N, 2)	－4.761198	－2.669359***	平稳
ppi	(C, T, 1)	0.582697	－3.233456*	不平稳
△ppi	(C, T, 1)	－1.730761	－3.233456*	不平稳
△2 ppi	(N, N, 1)	－5.391276	－2.660720***	平稳
lpi	(C, T, 1)	1.140750	－3.229230*	不平稳
△lpi	(C, T, 1)	－1.080708	－1.609329*	不平稳
△2 lpi	(N, N, 1)	－5.357575	－2.660720***	平稳
GDP	(C, T, 1)	1.942255	－3.233456*	不平稳
△GDP	(C, T, 1)	－0.477458	－3.233456*	不平稳
△2 GDP	(N, N, 1)	－3.532175	－2.660720***	平稳
wdi	(C, T, 1)	6.909168	－3.229230*	不平稳
△wdi	(C, T, 1)	－0.881596	－3.233456*	不平衡
△2 wdi	(N, N, 1)	－5.351848	－2.660720***	平稳
save	(C, T, 6)	4.260536	－3.261452*	不平稳
△save	(C, T, 3)	－2.899384	－3.248592*	不平稳
△2 save	(N, N, 2)	－1.992003	－1.956406**	平稳
ssw	(C, T, 1)	4.813064	－3.229230*	不平稳
△ssw	(C, T, 2)	－0.062857	－3.243079*	不平稳
△2 ssw	(N, N, 1)	－5.736579	－2.664853***	平稳
inv	(C, T, 1)	－0.093656	－3.233456*	不平稳
△inv	(C, T, 1)	－1.579379	－3.233456*	不平稳
△2 inv	(N, N, 1)	－3.994011	－2.660720***	平稳
imex	(C, T, 1)	0.544760	－3.233456*	不平稳
△imex	(C, T, 1)	－2.273021	－3.233456*	不平稳
△2 imex	(N, N, 1)	－5.924652	－2.660720***	平稳
tert	(C, T, 1)	－2.283249	－3.233456*	平稳
rir	(C, N, 1)	－4.142543	－3.711457***	平稳

续表

变量	检验形式 (C, T, K)	ADF 统计值	临界水平 (显著水平)	平稳性
popu	(C, T, 2)	-0.638196	-3.233456*	不平稳
△popu	(C, T, 6)	-1.599851	-3.268973*	不平衡
△2popu	(C, N, 2)	-2.952692	-2.635542*	平稳
edu	(C, T, 1)	-0.341798	-3.229230*	不平稳
△edu	(N, N, 3)	-1.098729	-1.608793*	不平稳
△2edu	(C, N, 1)	-6.526989	-3.737853***	平稳
qic	(C, T, 1)	4.155727	-3.233456*	不平稳
△qic	(C, T, 1)	-1.614712	-3.238054*	不平稳
△2qic	(N, N, 1)	-12.95441	-2.660720***	平稳
urb	(C, T, 2)	-1.201372	-3.233456*	不平稳
△urb	(C, N, 2)	-1.242447	-2.632604*	不平稳
△2 urb	(C, N, 1)	-7.985991	-3.724070***	平稳
agdp	(C, T, 2)	1.723668	-3.233456*	不平稳
△agdp	(C, T, 2)	-0.792300	-3.233456*	不平稳
△2 agdp	(N, N, 1)	-3.804235	-2.660720***	平稳
id	(C, T, 2)	1.948232	-3.238054*	不平稳
△id	(C, T, 1)	-3.078429	-3.238054*	不平稳
△2 id	(N, N, 1)	-4.691374	-2.664853***	平稳
ip	(C, T, 1)	-2.576971	-3.233456*	不平稳
△ip	(C, N, 2)	-4.540119	-3.737853***	平稳
rtpi	(C, T, 1)	-4.945848	-4.374307***	平稳
rgdp	(C, N, 1)	-4.256066	-3.711457***	平稳
lycpi	(C, N, 1)	-3.172701	-2.981038**	平稳

注：(1) 检验形式中的 C 和 T 表示常数项和趋势项，K 表示根据 AIC 原则确定的滞后阶数，N 表示检验方程中此处对应项不存在；(2) 表中的临界值是由麦金农（Mackinnon）给出的数据计算出来的；(3) *** 表示1%显著水平下的临界值，** 表示5%显著水平下的临界值，* 表示10%显著水平下的临界值；(4) △ 表示对变量进行一阶差分，△2 表示对变量进行二阶差分。

表 8-2 显示，这些时间序列变量除产业优化度（tert）和真实利率（rir）属于一阶单整外，其余的变量都是二阶单整的，表明直接对上述变量做回归分析会导致伪回归的发生。除 tert 和 rir 外的变量都是二阶单整的，意味着这些变量之间存在协整关系。

8.3.3.2 相关分析与弹性分析

从文献资料看，国内保险理论界在研究我国保险业发展的影响因素时比较注重对相关关系和弹性系数的分析。为保持延续性，本文也给出了总保费收入对各备择解释变量的简单相关系数、偏相关系数、标准化系数和弹性系数（见表 8-3），以揭示各备择解释变量在多元回归模型中的相对重要性。

表 8-3　　总保费收入（tpi）与各备择解释变量间的关系

系数	GDP	wdi	save	ssw	inv	imex	tert	rir	popu	edu	qic	urb
相关系数	0.984	0.984	0.986	0.98	0.986	0.987	0.763	0.04	0.802	0.775	0.979	0.934
偏相关系数	0.01	0	0.011	0.046	0.03	0	0.00	0.03	0.01	0.01	0.01	0.001
标准化系数	0.565	0.00	0.315	1.095	0.87	0	0.03	0.04	0.282	0.21	0.15	0.024
弹性系数	2.194	2.838	1.196	1.904	1.659	1.374	7.784	—	17.99	8.810	1.158	6.519

注：简单相关系数、偏相关系数和标准回归系数均由 SPSS13.0 在全模型条件下回归给出；弹性系数借鉴 Zweifel. P. & Eisen. R（2000）的双对数模型，以总保费收入为被解释变量对各备择解释变量分别建立双对数模型，模型的形式为 $\log(tpi) = \alpha + \beta \log(x) + \varepsilon$，x 代表解释变量，β 即为总保费收入对变量 x 的弹性系数，这里不考虑常数项。由于部分年份的真实利率为负值，无法建立针对真实利率的双对数模型。

表 8-3 显示，从简单相关系数看，除真实利率（rir）与总保费收入的相关性较低外，大部分变量与总保费收入的相关性在 0.95 以上，适合做总保费收入的解释变量。如果从偏相关系数看，即在固定或排除了其他变量的影响后，社会保障福利费支出（ssw）、固定资产投资额（inv）、真实利率（rir）、城乡居民储蓄存款余额（save）和保险公司数量（qic）与总保费收入具有较强的相关性，而加权人均可支配收入（wdi）、对外经济开放度（imex）和产业优化度（tert）与总保费收入的相关性较低，反映它们对总保费收入的解释能力有限。从标准化回归系数看，社会保障福利费支出（ssw）、固定资产投资额（inv）、国内生产总值（GDP）、城乡居民储蓄存款余额（save）、年底总人口数（popu）、国民平均受教育年限（edu）和保险公司数量（qic）一个单位标准差的变化将引起总保费收入至少 0.15 个单位标准差的变化，而加权人均可支配收入（wdi）和产业优化度（tert）的变化则几乎不会引起总保费收入的变化。从弹性系数看，总保费收入对总人口数（popu）、国民人均受教育年限（edu）、产业优化度（tert）和城市化率（urb）的变化最为敏感，弹性分别达到 17.933、8.810、7.784 和 6.519，对国内生产总值（GDP）等变量的弹性则与林宝清（1992）的结论一致。

8.3.4 格兰杰因果关系检验

如表 8-3 所示，尽管除真实利率外，备择解释变量与总保费收入的简单相关系数都较大，部分变量的偏相关系数也不小，但在没有进行因果关系检验之前，仍然不宜盲目地根据简单相关系数、偏相关系数或标准化系数来选择回归方程的解释变量。因为较强的相关关系并不能保证因果关系的存在，为防止无因回归的发生，有必要对这些变量间的因果关系及其方向进行格兰杰检验。该检验的判定准则是：依据平稳性检验中的滞后期选定本检验的滞后期，根据输出结果的 P 值判定变量间存在因果关系的概率，检验结果见表 8-4。

表 8-4　各备择解释变量与总保费收入的格兰杰检验结果

待检验的因果关系	滞后阶数	F 统计量	P 值	检验结果
GDP 不是 tpi 的格兰杰原因	1 2	3.45894 3.18105	0.0752 0.0621	存在 存在
wdi 不是 tpi 的格兰杰原因	1 2	4.25364 2.91113	0.0501 0.0765	存在 存在
save 不是 tpi 的格兰杰原因	1 2	4.47095 5.01770	0.0450 0.0165	存在 存在
ssw 不是 tpi 的格兰杰原因	1 2	0.01772 0.16965	0.8952 0.8451	不存在 不存在
inv 不是 tpi 的格兰杰原因	1 2	0.07251 3.44379	0.7900 0.0508	不存在 存在
imex 不是 tpi 的格兰杰原因	1 2	0.04717 3.70015	0.8299 0.0420	不存在 存在
tert 不是 tpi 的格兰杰原因	1 2	1.49872 1.19992	0.2327 0.3210	不存在 不存在
rir 不是 tpi 的格兰杰原因	1 2	1.96340 0.48472	0.1739 0.6225	不存在 不存在
popu 不是 tpi 的格兰杰原因	1 2	0.86871 0.60926	0.3606 0.5530	不存在 不存在

续表

待检验的因果关系	滞后阶数	F 统计量	P 值	检验结果
edu 不是 tpi 的格兰杰原因	1	0.85332	0.3648	不存在
	2	0.54682	0.5868	不存在
qic 不是 tpi 的格兰杰原因	1	0.58287	0.4526	不存在
	2	5.93113	0.0090	存在
urb 不是 tpi 的格兰杰原因	1	2.89279	0.1019	不存在
	2	1.12994	0.3419	不存在

检验结果显示，在 10% 的显著性水平下，国内生产总值（GDP）、加权人均可支配收入（wdi）、居民储蓄存款余额（save）、固定资产投资额（inv）、对外经济开放度（imex）、保险公司数量（qic）和城市化率（urb）7 个变量是总保费收入变化的格兰杰原因。其他变量尽管与总保费收入存在很高的相关性，但并非总保费收入变化的格兰杰原因。

8.3.5 相关变量滞后项的考察

J. Dusenberry（1949）的相对收入假说认为，个体的消费水平由当期收入和过去的消费水平决定。消费的棘轮效应、寿险业保费期缴的实践及固定资产投资的持续性，都会使总保费收入受到其滞后项及相关解释变量滞后项的影响。国外学者 Dale B. Truett 和 Lila. J. Truett（1990）发现滞后 3 期的人均国民生产总值能更好地解释人均保险需求。国内学者曹乾（2008）的保险需求向量自回归模型（VAR）和误差修正模型（ECM）及展凯（2008）的保险业发展影响因素自回归分布滞后模型（ADL）在考察变量滞后项的影响上进行了有益的探索。可见，有必要检验总保费收入与这些属于其格兰杰原因的变量的滞后项间的因果关系，检验结果见表 8-5。

表 8-5　　各变量滞后项与总保费收入的因果关系检验

待检验的因果关系	滞后阶数	F 统计量	P 值	检验结果
tpi（-1）不是 tpi 的格兰杰原因	1	3.18435	0.08755	存在
tpi（-2）不是 tpi 的格兰杰原因	2	4.91621	0.01902	存在

续表

待检验的因果关系	滞后阶数	F统计量	P值	检验结果
GDP（-1）不是 tpi 的格兰杰原因	2	2.3303	0.12310	不存在
GDP（-2）不是 tpi 的格兰杰原因	2	2.4553	0.11260	不存在
wdi（-1）不是 tpi 的格兰杰原因	2	2.76179	0.08727	存在
wdi（-2）不是 tpi 的格兰杰原因	2	2.97020	0.07544	存在
save（-1）不是 tpi 的格兰杰原因	2	7.12262	0.00462	存在
save（-2）不是 tpi 的格兰杰原因	2	9.6855	0.00126	存在
inv（-1）不是 tpi 的格兰杰原因	2	4.1251	0.03163	存在
inv（-2）不是 tpi 的格兰杰原因	2	4.6010	0.02347	存在
imex（-1）不是 tpi 的格兰杰原因	2	3.4956	0.15550	不存在
imex（-2）不是 tpi 的格兰杰原因	2	2.0559	0.15550	不存在

注：GDP（-1）、GDP（-2）分别表示 GDP 的一阶、二阶滞后项，其他变量依此类推。

检验结果与相对收入假说及上述学者们的发现基本一致，我国总保费收入（tpi）、加权人均可支配收入（wdi）、居民储蓄存款（save）和社会固定资产投资（inv）的一阶与二阶滞后项与总保费收入均存在因果关系。为提高解释能力，建模时必须将这些变量的滞后项考虑在内。

8.4 实证结果及其解释

如表 8-6 所示，这 7 个属于总保费收入格兰杰原因的变量均与总保费收入高度相关，都适合作为总保费收入的解释变量。但它们之间也存在很强的相关性（见表8-6），如果将它们一并引入就会产生严重的共线性，使回归模型丧失预测能力。

表 8-6　　属于总保费格兰杰原因的变量间的相关系数矩阵

变量名	GDP	wdi	save	inv	imex	qic	urb
GDP	1	0.998	0.995	0.983	0.9781	0.969	0.969
wdi	0.998	1	0.995	0.979	0.9738	0.966	0.973
save	0.995	0.995	1	0.975	0.972	0.963	0.970
inv	0.983	0.979	0.975	1	0.997	0.991	0.914

续表

变量名	GDP	wdi	save	inv	imex	qic	urb
imex	0.978	0.973	0.972	0.997	1	0.989	0.905
qic	0.969	0.966	0.963	0.991	0.989	1	0.889
urb	0.969	0.973	0.970	0.914	0.9055	0.889	1

表 8-6 显示，在方差膨胀因子（VIF）小于 10 的约束下，仅有这 7 个变量根本无法进行多元回归分析。事实上，由于经济关系的普遍联系性，在要求解释变量必须对总保费收入具有解释能力的前提下，更多地引入变量很难使解释变量间的相关性降到 0.9 以下。表 8-7 中的模型 1 就是同时引入这 7 个变量所得到的回归方程，整体回归的 R^2 和 F 值虽然很高，但 GDP、wdi、inv、imex 及 urb 的系数不仅未能通过检验，GDP、inv、qic 和 urb 的系数还为负数，明显与经济理论相悖。

这就需要用逐步回归法从这些属于总保费收入变化格兰杰原因的变量中挑选出最能反映这些变量的综合影响，彼此之间的相关性又最低的代表性变量作为总保费收入的解释变量。这样既能保证解释变量除与总保费收入具有相关关系外还具有因果关系，又能降低解释变量间的共线性，提高回归方程的稳定性。表 8-7 中的模型 2 就是由逐步回归法在进入标准为 0.05，退出标准为 0.1 的条件下从这 7 个属于总保费收入格兰杰原因的变量中挑选出来的最优解释变量所得到的回归方程。较之模型 1，模型 2 的 F 值明显提高，变量的系数均能通过显著性检验，而且各系数的大小及符号也均与经济理论相符。

为检验模型 2 的稳定性，还需要建立关于总保费收入（tpi）、居民储蓄余额（save）和对外经济开放度（imex）的向量自回归模型（VAR）。然后基于 VAR 模型对 tpi、save 和 imex 间的协整关系做 Johansen 协整检验，以考察这 3 个变量之间是否存在长期的均衡关系。协整检验的判断准则是：若迹统计量大于临界值，则拒绝原假设，反之接受原假设。Johansen 检验结果（见表 8-8）显示，在 5% 的显著性水平下，tpi、save 和 imex 之间存在三个协整关系，表明这 3 个变量之间存在长期的均衡关系，适合做回归分析。

第8章 我国保险业发展影响因素的实证研究

表8-7 总保费收入的逐步回归模型

变量	模型1	模型2	模型3	模型4	模型5	模型6	模型7	模型8	模型9	模型10	模型11
常数	-23.258	-43.269	-7.273	-38.835	-39.661	-40.553	-33.802	-31.947	-2.273	-191.071	2.04
GDP	-0.035 (-1.613)	—	—	—	—	—	—	—	—	—	—
wdi	1.082 (1.696)	—	—	—	—	—	—	—	—	0.565** (6.359)	—
save	0.024** (2.261)	0.018*** (4.881)	0.008* (1.931)	0.011*** (2.936)	0.019*** (3.838)	0.02*** (3.117)	0.019*** (4.196)	0.017** (2.660)	0.01*** (3.037)	—	—
save(-2)	—	—	—	—	—	—	—	—	—	—	0.029*** (6.035)
inv	-0.007 (-0.225)	—	—	—	—	—	—	—	—	—	—
imex	0.029* (1.752)	0.023*** (5.133)	-0.002 (-0.318)	0.023** (2.117)	0.021** (2.108)	0.019 (1.677)	0.024** (2.592)	0.027** (2.463)	—	—	—
qic	-0.184** (-0.050)	—	—	—	—	—	—	—	—	—	—
urb	-7.198 (-0.507)	—	—	—	—	—	—	—	—	—	—
tpi(-1)	—	—	0.976*** (3.860)	1.049*** (4.639)	0.861*** (3.845)	0.873*** (3.777)	0.516* (2.060)	0.465 (1.704)	0.714*** (5.955)	0.43*** (4.302)	0.311** (2.513)

续表

变量	模型 1	模型 2	模型 3	模型 4	模型 5	模型 6	模型 7	模型 8	模型 9	模型 10	模型 11
tpi(-2)	—	—	—	-0.958*** (-2.919)	-0.898*** (-2.975)	-0.89*** (-2.876)	-0.704** (-2.465)	-0.696** (-2.388)	—	—	—
D1	—	—	—	—	-62.385** (-2.233)	-64.698** (-2.214)	-45.49* (-6.199)	-40.505 (-1.430)	—	-66.207* (-3.348)	-52.606** (-2.743)
D2	—	—	—	—	—	—	—	22.280 (0.540)	—	—	—
D3	—	—	—	—	—	-15.756 (-0.374)	103.709** (2.339)	114.229** (2.321)	128.19*** (3.140)	149.8 (4.987)	190.51*** (5.752)
Adj. R^2	0.986	0.986	0.991	0.993	0.994	0.994	0.995	0.995	0.993	0.997	0.997
F	263.505	911.369	913.708	868.877	818.503	652.782	835.490	689.435	1302.101	1972.412	1770.47
DW	1.0657	0.933	—	—	—	—	—	—	—	—	—
LM 检验 P	—	—	0.0064	0.983	0.547	0.493	0.012	0.010	0.110	0.940	0.478

注：*** 表示 1% 显著水平下的临界值，** 表示 5% 显著水平下的临界值，* 表示 10% 显著水平下的临界值。

第8章 我国保险业发展影响因素的实证研究

表 8-8　　　　　tpi、save 和 imex 间协整关系检验结果

原假设	特征值	迹统计量	5%临界值	P 值
没有协整关系	0.755675	61.42581	29.79707	0.0000
最多 1 协整关系	0.50675	26.1944	15.4947	0.0009
最多 2 协整关系	0.288967	8.525921	3.841466	0.0035

表 8-7 中模型 2 的 DW = 0.933 表明总保费收入存在正的自相关性。如前所言，这符合保险业（尤其是寿险）保费期缴的实际。因而，在模型 2 的基础上应尝试逐步引入总保费收入的一阶或二阶滞后项（即构建 ARMA 模型）以消除自相关性。同时，还应考虑制度变迁的巨大影响，在模型 2 的基础上逐步尝试引入反映制度变迁的虚拟变量。为检验虚拟变量设定的合理性，我们以模型 2 为基础对其残差序列做了断点邹检验（Chow test），结果（见表 8-9）表明 1994 年保险公司的企业化改革、1997 年亚洲金融危机及保监会的成立和 2001 年的加入 WTO 都是我国保险业发展过程中的制度冲击，在建模的过程中必须予以考虑。

表 8-9　　　　保险业发展过程中制度冲击的断点检验结果

检验用回归方程	待检验的断点	F 值	P 值	结论
tpi = -43.269 + 0.018save + 0.022imex	1994	3.421	0.035	存在断点
	1997	3.670	0.028	存在断点
	1998	3.818	0.025	存在断点
	2001	6.639	0.002	存在断点
	2002	18.532	0.000	存在断点

注：由于保监会成立的直接原因是 1997 年的亚洲金融危机，为准确识别断点，我们检验了 1997 年和 1998 年 2 个年份；同理，入世时间是 2001 年 11 月，也检验了相邻的 2 个年份。

表 8-7 中的模型 1 是以备择解释变量中所有属于总保费收入格兰杰原因的变量为解释变量的模型；模型 2 是用逐步回归法在属于总保费收入格兰杰原因的变量中挑选出来的最优解释变量模型；模型 3~8 则是逐步加入总保费滞后项和虚拟变量的模型；模型 9 是用逐步回归法从 3 个虚拟变量、总保费的 2 个滞后项、save 及 imex 中挑选出来的最优解释变量模型；模型 10 是用逐步回归法从 7 个属于总保费格兰杰原因的变量、3 个虚拟变量和总保费的 2 个滞后项中挑选出来的最优解释变量模型；模型 11 则用逐步回归法从 7 个总保费格兰杰原因变

量、3 个虚拟变量及 tpi、wdi、save 和 inv 滞后项中挑选出来的最优解释变量模型。

从回归结果看,模型 4、5 及模型 9、10、11 较为理想,各变量系数的大小及符号均符合经济学原理且都通过了显著性检验,整体回归的 R^2 及 F 值较高,自回归性也被消除了。如果储蓄存款代表着改革所带来的居民财富量的增加,对外进出口总额代表着对外开放所带来的经济发展,那么模型 4、5 基本上就反映了我国保险业 30 年发展的全貌。居民储蓄存款与总保费收入同向变化表明,储蓄存款并没有对保险业产生挤出效应,储蓄的收入效应大于替代效应,储蓄存款的增加显著地提高居民的保险消费能力。这与 D. Ward 和 R. Zurbruegg(2000)、孙祁祥等(1997)和魏华林等(2007)的研究结论基本一致,表明储蓄额与保费收入之间存在因果和协整关系。对外开放加快了我国经济的发展速度,扩大了我国的经济规模,必然也促进了为经济发展服务的保险业的发展,这与 Ofstede(1995)和 Fukuyama(1995)及吴定富(2008)和黄佐研(2004)的结论也基本吻合。总保费收入与其一阶滞后项正相关、二阶滞后项负相关,既反映了保险业,尤其是寿险业保费期缴的业务实际,也说明一定时期内投保人的保险需求是有限的,这与 Dale B. Truett 和 Lila. J. Truett(1990)及曹乾(2008)和展凯(2008)的发现基本一致。虚拟变量 D1 的系数为负,说明 1994 年国家对保险公司实行以上缴利税为主的改革,间接地提高了保险费率,抑制了保险供给。

模型 9 只选取了储蓄存款 save、总保费的一阶滞后项 tpi(-1)及虚拟变量 D3 作为解释变量,回归系数均通过了检验,整体回归的 R^2 与模型 4、5 持平,F 值明显增大,残差 LM 检验的 P=0.11 表明自相关性也消除了。可见,仅用这 3 个变量也可以反映出过去 30 年来我国保险业发展的轨迹。该模型最大的特点是引入了反映入世的虚拟变量 D3 且其系数高达 128.19,说明加入 WTO 对我国保险业的发展是一个重大的制度冲击。与模型 9 相比,模型 10 将储蓄存款换成了人均可支配收入,另外引入了虚拟变量 D1,强调了 1994 保险业改革的冲击,说明社会总收入水平的提高是保险需求增长的主要原因(林宝清,吴江鸣 2003)。较之模型 10,模型 11 的最大特点是引入了储蓄存款的二阶滞后项,这与 J. Dusenberry(1949)的相对收入假说相吻合,也说明了 D. Ward 和 R. Zurbruegg

(2000)、Albouy & Blagoutine（2001）及孙祁祥等（1997）和魏华林等（2007）观点的正确。

8.5 结论与启示

本文在前人研究的基础上，建立了识别我国保险业发展影响因素的多元回归模型，并运用格兰杰因果检验和逐步回归法为模型挑选了"最优"的解释变量，在相关关系的基础上保证了自变量与因变量间的因果关系，避免了传统保险建模在选择解释变量上的主观性与随意性，降低了解释变量之间的共线性，提高了回归方程的稳定性和预测能力。分析结果表明，推动我国保险业发展的根本动力是改革开放以来的经济大发展，居民财富量的增加如储蓄存款的增多显著地提高了全社会的保险需求；对外经济开放程度的提高也明显地加快了我国保险业的发展；制度变迁，尤其是1998年保监会的成立和2001年的加入WTO都显著地促进了我国保险业的发展；1994年国家对保险公司实施企业化改造后，保险公司降低了保险供给，如农业保险等。

总保费收入与储蓄存款的相关性远强于与可支配收入的相关性，表明保险商品在我国仍属于奢侈品。居民的可支配收入仍主要用于基本的生活需要，只有当基本消费需求得到满足，储蓄存款达到一定的水平以后，保险对储蓄的分流作用才能得以发挥。这也说明，随着经济的发展和人均可支配收入的提高，我国保险业还有极大的发展空间。总保费收入与储蓄存款同方向变化，再次揭示了我国居民储蓄的预防性动机，说明现阶段保险与储蓄是互补品而非替代品，只要保险业加大营销力度，重塑诚信形象，大量分流储蓄存款的可能性依然存在，而且这与建设和谐社会的大方向相吻合。

制度变迁虽然在我国保险业的发展中扮演着极为重要的角色，但保险业的自组织与自增长也是我国保险业成长的重要动力来源。总保费收入的高度自相关性充分说明了提高续保率的重要性，保险企业尤其应在佣金制度的设计上最大化保单续保率，加强售后服务才能使保险业真正走科学发展的道路。

第9章

基于 ARIMA 模型的"银保新政"制度冲击测度

我国人身保险业在经历了30多年的快速增长后，突然在2011年失去了增长动力，行业全年共实现原保险保费收入9560亿元，大幅低于2010年的10500亿元，降幅达8.96%，引起了国内外理论与实务界的广泛关注。

在分析保费收入增长失速的原因时，"银保新政"的实施是各界公认的主要原因之一。"银保新政"的核心是两个监管文件的出台与实施。一是银监会于2010年10月以"特急"文件形式，向各商业银行下发的《关于进一步加强商业银行代理保险业务合规销售与风险管理的通知》（以下简称《通知》），规范银保产品的销售行为，力图铲除其中饱受诟病的"销售误导"。《通知》明文禁止银保驻点销售，要求"商业银行不得允许保险公司人员派驻银行网点，通过商业银行网点直接向客户销售保险产品的人员，应当是持有保险代理从业人员资格证书的银行销售人员"；规定"银行每个网点原则上只能与不超过3家保险公司合作，如超过3家，应坚持审慎经营，并向当地银监会派出机构报告。"在防止销售误导方面，《通知》规定："银行不得将保险产品与储蓄存款、基金、银行理财产品等混淆销售，不得将保险产品收益与上述产品简单类比，不得夸大保险产品收益。不得以抽奖、送实物、送保险方式进行误导销售。投连险等复杂品种应当严格限制在理财专属区域内销售，禁止直接在柜台向客户推介。"二是保监会和银监会于2011年3月联合发布的《商业银行代理保险业务监管指引》（以下简称《指引》），两大监管机构合力加强对银保业务的监管，旨在保护消费者权益、规范银保市场秩序，规范银保市场的运行。《指引》第29条规定：商业银行通过电话销售保险产品的，应当先征得客户同意；销售人员应当是具有保险销售从业人员资格的商业银行人员；销售行为应当按照统一的规范用语进行，明确告知客户销售的是保险产品，销售过程应当全程录音并妥善保存。

近年来，我国银保业务发展迅速，通过银行渠道销售的保费收入占人身保险保费总量的近50%，对保险业尤其是人身保险业的发展起着举足轻重的作用；对银行业增加中间业务收入、丰富产品体系也具有重要意义。"驻点销售"即由保险公司派银保专员到银行网点开展营销活动，多年来一直是人身保险业银保渠道的主要运作模式。驻点销售模式的打破给正在承受宏观经济政策变化压力的人身保险公司带来了巨大的冲击，《指引》的发布强化了这一冲击。

"银保新政"冲击的化解必须建立在对其正确认识与科学测度之上，唯其如此，理论与实务界才能找到切实可行的应对策略。目前，国内学术界鲜有测度"银保新政"冲击的文献，本书尝试基于我国人身险2005～2010年的月度保费收入数据，构建预测2011年人身险保费收入的ARIMA模型，然后将预测值与实际值进行对比，以测度"银保新政"的冲击，并借此检验内、外资寿险业承受制度冲击能力。为保证测度的精度，本书还利用Hot-Winters模型对ARIMA模型的结果进行交互检验，并基于季节指数估算"银保新政"的总体冲击。

9.1 文献回顾

在研究保险业的各种制度冲击中，线性回归模型一直占据着最重要的位置。Outreville（1996）利用48个发展中国家1986年的截面数据，将个人可支配收入、金融发展水平、预期通货膨胀水平和市场结构作为影响因素，采用多元回归法预测了保费收入的增速及制度在其中的影响。Beck和Webb（2003）利用68个国家1996～2000年的面板数据预测了各国寿险保费的增长趋势，刻画了通货膨胀和金融发展水平的影响。我国学者肖文和谢文武（2000）利用1980～1998年的数据，测算了市场开放和降息等政策变化对寿险发展的冲击。此后，阎建军和王治超（2002）、赵海娟（2003）、陈之楚和刘晓敏（2004）、吴江鸣和林宝清（2005）分别从不同的视角测度各种制度变迁对我国保险业的影响。

研究保费收入变化的另一重要方法是时间序列数据分析法,经典的有 ARIMA 模型、Hot Winters 模型、灰色预测法、马尔科夫模拟法等。陈权宝和聂锐（2005）对建立我国保费收入预测模型的原则方法进行了探讨,给出了预测保费收入模型的选择标准。基于建立保费收入预测模型对编制保险计划,制定保险业发展规划的重要性,梁来存（2006）建立了我国保费收入的 ARIMA 模型,并预测了我国 2005 年 8 月的保费收入。张云和高垒（2009）利用我国 1999 年 1 月至 2009 年 2 月的月度保费收入数据,建立了预测我国保费收入的 ARIMA 季节乘积模型,并对我国的保费收入进行了预测。付宇涵（2010）利用 2000 年 1 月至 2009 年 10 月 118 个月的时间序列数据,建立了预测我国财产险保费收入的 ARIMA 模型,预测了财产险保费收入的变化趋势。董海峰（2010）基于 Hot Winters 模型对我国人身险"十二五"期间的保费收入进行了预测,认为我国人身险保费收入在"十二五"期间最低能达到 9.93% 的年均增速,最高可达到 18.43% 的年均增速,但期间会存在大起大落的风险。在寿险保费收入受长期趋势、周期性循环要素、季节变动和不规则要素四种因素影响的假设下,高春玲（2010）利用我国 2000 年 1 季度到 2009 年 4 季度的寿险保费收入数据,在进行季节调整后再通过 HP 滤波方法得到了其长期变动的趋势,并用时间序列分解模型进行了预测,发现 2010 年我国寿险保费收入总体上仍呈上升趋势。孙景云等（2011）利用我国保费收入的时间序列,基于季节模型、指数平滑模型等方法预测了我国未来数年的保费收入。赵长利和陈海泳（2006）年探讨了运用灰色模型预测我国保险业保费收入的可行性,并结合 2000~2006 年的实际数据对我国的保费收入进行了灰色预测。徐亮亮等（2010）基于 2001~2008 年我国的保费收入数据,在不存在阻滞因素的假设下,利用灰色预测的 GM（1,1）模型对我国未来数年的保费收入进行了预测,认为未来数年内我国保费收入的年均增速将达到 21.4% 左右,依然会呈现出稳定的增长趋势,且与前几年的平均增速基本持平。

回归模型擅长分析保险业发展的影响因素,揭示各因素的影响方向与强度,侧重于长期的、方向性的分析与预测,不适于做短期预测。在观测值仅为保费收入的时间序列时,更是毫无用武之地。对于保费收入这一单一时间序列的短期预测,ARIMA 模型、Hot Winters 模型是最为理想的模型。对于极短期内的保费收入预测，在状态不变的假设下，灰色预测和马尔科夫模拟也有其用武之地。

9.2 预测保费收入的 ARIMA 模型

ARIMA（auto regressive integrated moving average）即求和自回归移动平均模型，适用于各类时间序列的分析，由博克斯—詹金斯（Box-Jenkins）于 1976 年提出。该模型将预测对象随时间推移而形成的数据序列视为一个随机序列，是由一个随机过程生成的时间序列，构成该时间序列的单个序列虽具有不确定性，但整个序列的变化却有一定的规律。ARIMA 模型用数学的方法将这一随机过程描述出来，一旦模型能识别，即可利用其规律性预测序列的未来值。但当序列非平稳时，即在长期内有增长或者降低的趋势时，需要提取序列中的确定性信息，将序列转为平稳。Box 与 Jenkins 用大量的实例证明差分方法是一种非常简便、有效的确定性信息提取方法，经过差分，ARIMA 模型可以更好地分析时间序列数据的自相关性及误差项的影响等。

如果一个序列 $\{X_t\}$ 经过 d 阶差分后变为平稳序列，如果能用 ARMA 模型对差分后的平衡序列建模，则称序列 $\{X_t\}$ 的 ARMA 模型为其 ARIMA 模型，简写为 ARIMA(p,d,q)，其中 d 为差分阶数，p 为自回归除数，q 为移动平均除数。模型的表达式为：

$$\begin{cases} (1-\varphi_1 B - \varphi_2 B^2 \cdots -\varphi_p B^p)(1-B)^d X_t = (1-\theta_1 B - \theta_2 B^2 \cdots -\theta_q B^q)\varepsilon_t \\ E(\varepsilon_t)=0, Var(\varepsilon_t)=\sigma^2, E(\varepsilon_t \varepsilon_\tau)=0, (\tau \neq t) \\ EX_t \varepsilon_\tau = 0, (\forall \tau < t) \end{cases} \quad (9-1)$$

其中，B 为滞后算子，$\varepsilon_t \sim WN(0,\sigma^2)$ 且与原序列不相关。

如果序列 $\{X_t\}$ 蕴涵着显著的长期趋势和明显的季节性，仅仅对其做差分是不够的，还需要对序列做季节差分，才能使差分后的新序列平稳。如果季节性伴随着长期趋势有扩大（或缩小）的趋势，表明长期趋势与季节性之间呈乘积交叉关系，应对其建立乘积季节模型，简记为 ARIMA(p,d,q)×(P,D,Q)，其中，p 和 q 是消除同一周期不同周期点之间相关性的自回归阶数和移动平均阶数，P 和 Q

是消除不同周期的同一周期点之间的相关性的自回归阶数和移动平均阶数，d 为原序列差分阶数，D 为季节差分阶数。若季节周期长度为 s，则乘积季节模型为：

$$\begin{cases} \varphi(B)U(B^s)(1-B)^d(1-B^s)^D X_t = \theta(B)V(B^s)\varepsilon_t \\ E(\varepsilon_t) = 0, Var(\varepsilon_t) = \sigma^2, E(\varepsilon_t\varepsilon_\tau) = 0, (\tau \neq t) \\ EX_t\varepsilon_\tau = 0, (\forall \tau < t) \end{cases} \quad (9-2)$$

其中，$U(B^s) = 1 - u_1 B^s - u_2 B^{2s} - \cdots - u_P B^{Ps}$，$V(B^s) = 1 - v_1 B^s - v_2 B^{2s} - \cdots - v_Q B^{Qs}$ 可以对不同周期的同一周期点之间的相关性进行拟合。$\varphi(B) = 1 - \varphi_1 B - \varphi_2 B^2 \cdots - \varphi_p B^p$，$\theta(B) = 1 - \theta_1 B - \theta_2 B^2 \cdots - \theta_q B^q$ 用来消除同一周期内不同周期点之间的相关性。

建立 ARIMA 模型后，即可基于 2005～2010 年的月度保费收入数据，预测 2011 年我国人身险保险公司各月的原保险保费总收入 $z\widetilde{bf}_t$，内资人身险公司原保险保费收入 $nz\widetilde{bf}_t$ 和外资人身险公司原保险保费收入 $wz\widetilde{bf}_t$。然后用 2011 年各月实际的原保险保费总收入（zbf_t）及内资原保险保费收入（$nzbf_t$）和外资原保险保费收入（$wzbf_t$），计算各月保费收入的涨跌幅，即分别计算总保费收入的涨跌幅 $rzbf_t = \dfrac{(zbf_t - z\widetilde{bf}_t)}{z\widetilde{bf}_t}$，内资保费收入的涨跌幅 $rnzbf_t = \dfrac{(nzbf_t - nz\widetilde{bf}_t)}{nz\widetilde{bf}_t}$ 和外资保费收入的涨跌幅 $rwzbf_t = \dfrac{(wzbf_t - wz\widetilde{bf}_t)}{wz\widetilde{bf}_t}$。最后，以各月保费收入的季节指数 S^t_{zbf}、S^t_{nzbf} 和 S^t_{wzbf}，$(t=1,2,\cdots,12)$ 对各序列的涨跌幅进行加权平均，计算 2011 年人身险总保费收入、内资人身险保费收入和外资人身险保费收入较其理论上应该达到额度间的偏差幅度，计算形式为：

$$Rzbf = \frac{1}{12}\sum_{t=1}^{12}(rzbf_t \times S^t_{zbf}) \quad (9-3)$$

$$Rnzbf = \frac{1}{12}\sum_{t=1}^{12}(rnzbf_t \times S^t_{nzbf}) \quad (9-4)$$

和 $$Rwzbf = \frac{1}{12}\sum_{t=1}^{12}(rwzbf_t \times S^t_{wzbf}) \quad (9-5)$$

以 2011 年 3 种保费收入的实际值与其预测值间的偏差幅度,来评估"银保新政"对内、外资人身保险业及全国人身保险业的冲击程度,并借此评估内、外资人身险保险公司应对冲击的能力。

9.3 数据来源与模型识别

9.3.1 样本选取与数据处理

本书选取我国人身险各月原保险保费总收入(zbf)、内资人身险公司原保险保费收入(nzbf)和外资人身险公司原保险保费收入(wzbf)3 个时间序列,样本期为 2005 年 1 月至 2010 年 12 月,原始数据来自中国保监会网站的"人寿保险公司原保险保费收入情况表"(http://www.circ.gov.cn/web/site0/tab61/),单位为万元。保监会网站给出的数据为历年保费收入的月度累积值,用本月累积值减去上月累积值即可得到当月的保费收入。

由于保监会网站给出的 2005 年 3 月外资人身险公司的原保险保费收入数据过于异常(见图 9-1),为保证分析基础的合理性,同时考虑保监会网站的数据显示 2005 年外资人身险公司原保险保费收入大幅高于 2006 年的事实,直接用 2006 年 3 月的数据对其进行填充替代,使 2005 年的数据更接近常理(见图 9-2)。同理,对 2005 年 3 月的人身险保费总收入也进行了替代处理。

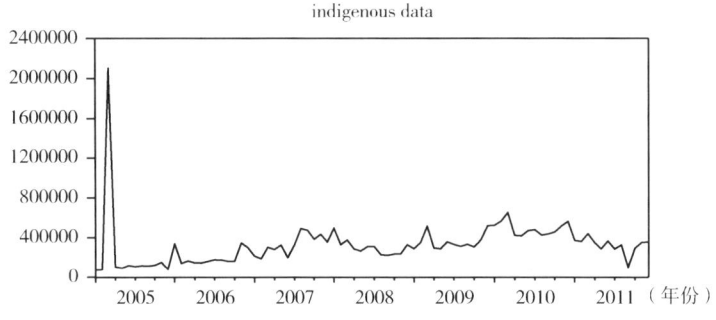

图 9-1 调整前外资人身险公司各月的保费收入

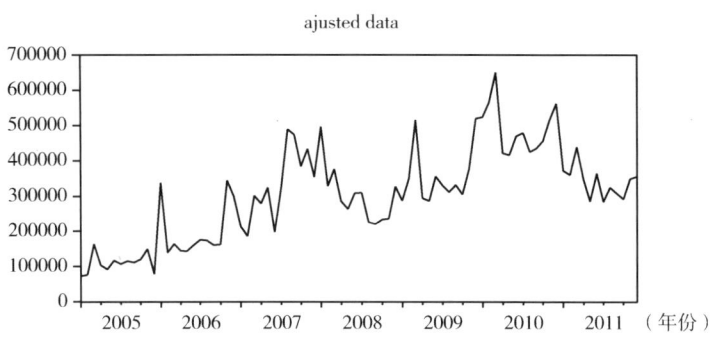

图9-2 调整后外资人身险公司各月的保费收入

9.3.2 ARIMA 模型的识别

（1）平稳化处理。

应用 ARIMA 模型对时间序列建模并进行预测，是建立在建模序列为平稳随机序列基础上的。平稳时间序列的直观含义是序列不存在周期性和趋势性变动，而实际的时间序列往往具有周期性和趋势性变动，需要将其转变为平稳序列，即对序列进行平稳化处理。差分是序列平稳化最常用的方法，而检验序列平稳与否最常用和最有效的方法为 ADF（augmented dickeyfuller）单位根检验。

由图9-3可以看出，各数据的时序图都显现出明显的趋势性，也呈现出一定的季节性。

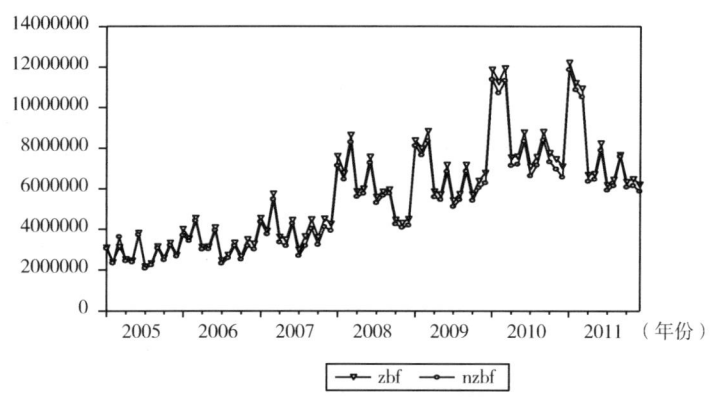

图9-3 总保费及内资人身险公司各月的保费收入

第9章 基于 ARIMA 模型的"银保新政"制度冲击测度

为消除趋势性,同时减小舍入误差和序列的波动性,首先对原序列做一阶自然对数的逐期差分,形成新的序列 dlnzbf、dlnnzbf 和 dlnwzbf,即:

$$dlnzbf_t = \log(zbf_t) - \log(zbf_{t-1}),$$
$$dlnnzbf_t = \log(nzbf_t) - \log(nzbf_{t-1}),$$
$$dlnwzbf_t = \log(wzbf_t) - \log(wzbf_{t-1})。$$

再次绘制时序图,发现序列 dlnwzbf 既消除了趋势性,也不存在显著的季节性,ADF 检验结果表明其已经是平稳序列。较之原始序列,序列 dlnzbf 和 dlnnzbf 的趋势性只是稍有弱化,并不消除。为彻底消除趋势性,对序列 dlnzbf 和 dlnnzbf 再做一次差分,得到新序列 d^2lnzbf 和 $d^2lnnzbf$。通过绘制序列 d^2lnzbf 和 $d^2lnnzbf$ 的自相关系数和偏自相关系数图,发现它们虽已不存在趋势性的痕迹,但仍存在明显的季节性,当时期值 $k=12$、$k=24$ 时,序列 d^2lnzbf 和 $d^2lnnzbf$ 的自相关系数和偏自相关系数显著不为 0。考虑到所选取的数据为月度数据,对序列 d^2lnzbf 和 $d^2lnnzbf$ 做长度为 12 (即 $s=12$) 的季节差分,得到新的序列 $d^{12}d^2lnnzbf$ 和 $d^{12}d^2lnzbf$,即:

$$d^{12}d^2lnzbf_t = d^2lnzbf_t - d^2lnzbf_{t-12}$$
$$和 \ d^{12}d^2lnnzbf_t = d^2lnnzbf_t - d^2lnnzbf_{t-12}$$

序列 $d^{12}d^2lnnzbf$ 和 $d^{12}d^2lnzbf$ 的自相关系数和偏自相关系数图表明,其趋势性与季节性均已消除。

接着对序列 dlnwzbf、$d^{12}d^2lnnzbf$ 和 $d^{12}d^2lnzbf$ 做 ADF 单位根检验,检验结果(见表 9-1)表明各序列已经平稳,可以对其建模。

表 9-1　　　　　　　　各序列的单位根检验结果

变量	ADF 检验	检验类型 (c, t, q)	1% 临界值
dlnzbf	-1.4424	(c, 0, 1)	-3.5256
dlnnzbf	-1.5376	(c, 0, 1)	-3.5256
dlnwzbf	-14.8944	(c, 0, 1)	-3.5122[***]

续表

变量	ADF 检验	检验类型 (c, t, q)	1% 临界值
$d^2 lnzbf$	-17.3459	(0, 0, 1)	-2.5979***
$d^2 lnnzbf$	-17.7641	(0, 0, 1)	-2.5979***
$d^{12} dlnzbf$	-8.3694	(0, 0, 1)	-2.5984***
$d^{12} dlnnzbf$	-8.9999	(0, 0, 1)	-2.5984***
$d^{12} d^2 lnzbf$	-10.7769	(0, 0, 1)	-2.5994***
$d^{12} d^2 lnnzbf$	-11.6642	(0, 0, 1)	-2.5994***

注：检验类型中的 c、t、q 分别表示带有常数项、趋势项和滞后阶数，其中滞后阶数根据 Akaike 准则来确定。

(2) 模型的识别。

观察序列 dlnwzbf、$d^{12} d^2 lnzbf$ 和 $d^{12} d^2 lnnzbf$ 的自相关和偏自相关系数图，发现对序列 dlnwzbf，有 ARIMA (1, 1, 1) 模型和 ARIMA (2, 1, 1) 两个模型供选择；对序列 $d^{12} d^2 lnzbf$，有 ARIMA (1, 2, 1) × (1, 1, 0) 和 ARIMA (2, 2, 1) × (1, 1, 0) 供选择；对序列 $d^{12} d^2 lnnzbf$，有 ARIMA (1, 2, 1) × (0, 1, 1) 和 ARIMA (2, 2, 1) × (0, 1, 1) 供选择。这就需要结合各种评价指标在备择模型中做选择，各序列备择模型的估计结果见表 9-2。

表 9-2　　　　　　　各序列备择模型的估计结果

变量	模型	SSR	AIC	SC	MAPE	R2
dlnwzbf	ARIMA (1, 1, 1)	5.3021	0.3146	0.3789	17.87	0.3100
	ARIMA (2, 1, 1)	5.002	0.3005	0.3976	18.2258	0.3000
$d^{12} d^2 lnzbf$	ARIMA (1, 2, 1) × (1, 1, 0)	0.4411	-1.654	-1.534	7.7100	0.4676
	ARIMA (2, 2, 1) × (1, 1, 0)	0.4297	-1.609	-1.447	7.6300	0.4489
$d^{12} d^2 lnnzbf$	ARIMA (1, 2, 1) × (0, 1, 1)	0.5396	-1.717	-1.609	7.7243	0.5122
	ARIMA (2, 2, 1) × (0, 1, 1)	0.6317	-1.504	-1.359	8.1858	0.4061

结合 AIC 值和残差平方和 (SSR) 的大小，对序列 dlnwzbf 利用 ARIMA (1, 1, 1) 进行拟合比较合适；对序列 $d^{12} d^2 lnzbf$ 利用 ARIMA (1, 2, 1) × (1, 1, 0) 进行拟合比较合适；对序列 $d^{12} d^2 lnnzbf$ 利用 ARIMA (1, 2, 1) × (0, 1, 1) 进行拟合比较合适。

利用2005年1月至2010年12月的月度保费收入数据,分别为外资人身险保费收入、总保费收入和内资保费收入建立了ARIMA模型。其中序列dlnwzbf的ARIMA(1,1,1)模型的最小二乘估计结果为:

$$(1+0.0655B)(1-B)\ln wzbf = (1+0.59B)\varepsilon_t \qquad (9-6)$$

序列$d^{12}d^2\ln zbf$的ARIMA(1,2,1)×(1,1,0)模型的最小二乘估计结果为:

$$(1-0.0519B)(1+0.1756B^{12})(1-B)^2(1-B^{12})\ln zbf = (1+0.9666B)\varepsilon_t$$
$$(9-7)$$

序列$d^{12}d^2\ln nzbf$的ARIMA(1,2,1)×(0,1,1)模型的最小二乘估计结果为:

$$(1-0.006B)(1-B)^2(1-B^{12})\ln nzbf = (1+0.9585B)(1+0.2557B^{12})\varepsilon_t$$
$$(9-8)$$

9.4 模型预测与冲击评估

模型建立后,就可用来预测2011年各月人身险原保险保费总收入$\tilde{zbf}_t$、内资公司原保险保费收入$\tilde{nzbf}_t$和外资公司原保险保费收入$\tilde{wzbf}_t$,并将其与2011年各月的实际保费总收入(zbf_t)、内资保费收入($nzbf_t$)和外资保费收入($wzbf_t$)进行对比,预测结果与2011年各月的实际值见表9-3。

表9-3　2011年人身险业原保险保费收入的预测值与实际值　　单位:万元

月份	外资保费预测值 $\tilde{wzbf}_t$	总保费预测值 $\tilde{zbf}_t$	中资保费预测值 $\tilde{nzbf}_t$	外资保费实际值 ($wzbf_t$)	总保费实际值 (zbf_t)	中资保费实际值 ($nzbf_t$)
1	677704.08	12426754.18	11867037.34	371218.10	12239004.44	11867786.34
2	524875.12	11682405.63	11033644.63	359664.50	11225233.47	10865568.97
3	730680.95	12388887.13	11787824.12	438931.09	10950828.03	10511896.94

续表

月份	外资保费预测值 $\widetilde{wz\,bf_t}$	总保费预测值 $\widetilde{z\,bf_t}$	中资保费预测值 $\widetilde{nz\,bf_t}$	外资保费实际值 ($wzbf_t$)	总保费实际值 (zbf_t)	中资保费实际值 ($nzbf_t$)
4	506542.26	7830986.96	7476575.72	347093.81	6710075.21	6362981.41
5	488734.90	7776127.80	7419558.98	285276.04	6748720.82	6463444.77
6	517550.06	9036248.79	8691103.55	364543.77	8248974.69	7884430.92
7	539739.24	7156121.03	6712397.99	283729.96	6207499.60	5923769.64
8	542094.80	7558053.74	7163726.28	324593.23	6478656.22	6154062.99
9	527066.59	8820211.01	8374465.67	308089.59	7687671.26	7595941.35
10	503529.48	7575225.15	7037205.49	291585.94	6368010.51	6076424.58
11	640879.54	7420993.56	6869441.94	349399.17	6503641.54	6154242.36
12	615033.58	7141243.21	6558791.79	355815.93	6231723.67	5875907.73

基于表9-3，可以计算出2011年各月实际保费收入与其理论上应该达到的水平（即其预测值）间的差异，计算出实际值较其理论值的涨跌幅，计算结果见表9-4。

表9-4　基于ARIMA模型的2011年各月人身险保费收入实际值较预测值跌幅及季节指数

月份	外资保费涨幅	总保费涨幅	内资保费涨幅	外资保费季节指数	总保费季节指数	内资保费季节指数
1	-0.26	-0.02	0.00	1.33824	1.36181	1.36854
2	-0.29	-0.04	-0.02	0.99286	1.21905	1.23607
3	-0.13	-0.12	-0.11	1.26171	1.47072	1.48818
4	-0.31	-0.14	-0.15	0.90563	0.95327	0.95814
5	-0.44	-0.13	-0.13	0.89339	0.93684	0.94040
6	-0.28	-0.09	-0.09	0.90218	1.15500	1.17516
7	-0.44	-0.13	-0.12	0.95709	0.79849	0.78702
8	-0.36	-0.14	-0.14	0.96097	0.85046	0.83932
9	-0.39	-0.13	-0.09	0.91336	0.99445	0.99668
10	-0.42	-0.16	-0.14	1.33824	1.36181	1.36854
11	-0.31	-0.12	-0.10	0.99286	1.21905	1.23607
12	-0.30	-0.13	-0.10	1.26171	1.47072	1.48818

第9章 基于ARIMA模型的"银保新政"制度冲击测度

根据式（9-3）、（9-4）和（9-5），可算出经由季节指数加权平均的2011年我国人身险原保险保费总收入较其理论值下跌11%，其中外资人身险公司原保险保费收入较其理论值下跌32%，内资人身险保险公司原保险保费收入较其理论值下跌10%。从保监会网站公布的数据看，2011年人身险原保险保费总收入较2010年下跌8.96%，其中外资人身险公司原保险保费收入较2010年下跌34.68%，内资人身险保险公司原保险保费收入较其理论值下跌7.43%。考虑到我国保险业持续30多年的增长趋势，ARIMA较好地测度了"银保新政"对我国人身保险业的冲击。

为检验ARIMA模型预测的准确性，进而考察其测度"银保新政"冲击的准确性，特引进经典的指数平滑方法Hot Winters乘法模型对上述3类保费收入序列进行趋势外推预测，2011年各月的预测结果及实际值较预测值的涨跌幅见表9-5。

表9-5　　　基于Hot Winters模型的2011年人身险保费收入预测值及实际值跌幅

月份	外资保费预测值	总保费预测值	中资保费预测值	外资保费涨幅	总保费涨幅	内资保费涨幅
1	677704.08	12099824.52	11502722.86	-0.45	0.01	0.03
2	524875.12	10564255.95	10121734.74	-0.31	0.06	0.07
3	730680.95	12938899.50	12717956.26	-0.40	-0.15	-0.17
4	506542.26	8692321.45	8247461.81	-0.31	-0.23	-0.23
5	488734.90	8515067.00	8075629.66	-0.42	-0.21	-0.20
6	517550.06	10925438.06	10477551.70	-0.30	-0.24	-0.25
7	539739.24	7402551.31	6916993.86	-0.47	-0.16	-0.14
8	542094.80	8000976.29	7498942.28	-0.40	-0.19	-0.18
9	527066.59	9491428.39	9007103.62	-0.42	-0.19	-0.16
10	503529.48	7600184.51	7144114.75	-0.42	-0.16	-0.15
11	640879.54	8651652.63	8067218.83	-0.45	-0.25	-0.24
12	615033.58	8159704.48	7605122.24	-0.42	-0.24	-0.23

经过各月季节指数的加权平均，发现基于Hot Winters模型的预测，2011年我国人身险原保险保费总收入较其理论值下跌15.68%，其中外资人身险公司原

保险保费收入较其理论值下跌40.51%，内资人身险保险公司原保险保费收入较其理论值下跌14.64%。通过与Hot Winters模型的交互检验，表明ARIMA模型已经准确地预测了我国2011年各月人身险原保险保费收入，基于该模型的测度的"银保新政"的冲击对现实具有一定的解释能力。

9.5 结论与启示

本书根据我国2005~2010年人身险原保险保费收入的月度数据，建立了预测我国人身险2011年各月原保险保费收入的ARIMA模型，并将预测值与2011年的真实值进行对比，测度各月实际保费收入较理论保费收入的下降幅度，最后基于各月的季节指数对全年的下降幅度进行了加权平均，发现"银保新政"使我国2011年人身险原保险保费收入较其应该达到的理论值下降了11%，其中外资人身险公司较其理论值下降了32%，内资人身险保险公司较其理论值下降了10%。

从所建模型的形式看，我国人身险当期保费会受到前期保费收入的影响，说明保费收入具有滞后效应，这与寿险保单大多分期缴纳保费的现实相符。在人身险短期增长惯性与30年来长期增长趋势并存的条件下，"银保新政"的实施使人身险原保险保费收入急剧下降，充分显示了其巨大的政策冲击力。当然，这一冲击力还来自保险业新会计标准等新监管政策的实施。

无论是ARIMA模型，还是Hot Winters模型，预测结果均表明，外资人身险公司的实际保费收入较其理论上应该达到的水平存在较大的落差，说明较之中资人身险公司，外资人身险公司更不适应"银保新政"的冲击。这可能源于其整体规模偏小，也可能源于其对银保渠道的过度依赖。

在金融危机尚未完全消除、欧债危机蔓延的背景下，监管当局势必出台更多、更为严格的监管措施，保险业试图引入其他金融中介机构兼业保险代理的努力可能遭遇更大的阻力。在监管日益强化的条件下，人身保险业应实施更为迅速的发展方式转型，通过优化市场格局，调整产品结构，开发适销对路的新产品等措施来寻求发展。为保证业务的稳定发展，人身保险业应继续强化个人代理渠道的建设，逐步提高其在各类渠道中的比重。同时，加快建立面向个人客户的电话销售渠道、电子商务渠道等新的营销模式。

我国人身保险未来仍有很大的发展潜力，但潜力的释放不会是短期的、快速的，而是缓慢的、渐进的。必须承认的是，我国人身保险业的未来发展不可能再像过去30多年那样高速增长了，其增速放缓是自然的、正常的现象。从全球经验看，银保渠道仍会是人身险销售的主要渠道，但业界应用足够的耐心保持其发展的稳定性与可持续性，不可急功近利，用牺牲未来的方式换取短暂的成长。

银保业务涉及保险和银行两类机构，监管涉及保险监管和银行监管两个部门，这其中的问题不可能通过短期的"银保新政"就迎刃而解。银保业务的监管需要一种超越部门利益的战略思维、制度安排和协调机制。监管当局应围绕"转方式，促发展"这一战略目标，实施科学有效的监管，充分发挥政策的导向作用，推动保险业的科学发展。

第10章

经营绩效、市场情绪与保险股价格

10.1 引言

经济的持续发展引致居民保险需求不断上升，推动着我国保险业的蓬勃发展。虽历经多年的快速发展，我国保险业仍处于发展的初级阶段，经由"做大"到"做强"的路径仍然存在，产业内规模扩张的冲动依然强烈。上市融资无疑是扩大资本优势，提升品牌价值，实现规模经济最有效的途径。随着我国证券市场的不断发育，保险业的迅速扩张，越来越多的保险公司希望上市融资。

事实上，近年来已有部分保险公司在内地或香港等地成功上市。2000年6月，中保国际在香港上市，成为第一家在境外上市的中资保险公司。随后，中国人保财险、中国人寿、中国平安和太平洋保险相继在香港交易所挂牌交易。2003年，中国人寿还顺利登陆美国股市，在纽交所成功上市。随着中国人寿的回归，目前在内地A股上市的保险公司共四家，分别是中国人寿、中国平安、中国太保和新华人寿。新华人寿是内地首家以A+H方式同步上市的保险公司，成为登陆内地资本市场的保险"第四股"，成功上市使其发展站上了新的起点。除这四家已经上市的公司外，其他保险公司也在积极争取上市。内地保险巨头中国人保的上市倍受关注，国际金融危机的冲击只是暂时减缓了它的上市步伐，并未影响其上市准备工作的推进节奏。其实早在2002年，内地已有7家中资保险公司开始上市赛跑，争相完成了上市辅导期，均在竭力为上市做准备。

上市虽然是企业发展壮大的捷径，但上市本身并非只有好处，而无坏处，其中尤以股价剧烈波动对公司的伤害最大。股价在一定程度上反映了投资者对公司价值的评判，股价大幅波动不利于保险公司的健康发展。股价大幅下跌会使股东财富缩水，打击投资者信心，加大保险公司再融资的难度。如果股价连续下跌，则可能损害保险公司稳健经营的形象，打击承保市场上投保人的信心，引发退保的增加，威胁经营的稳定。2008年爆发的金融危机导致全球金融市场剧烈动荡，AIG危机则直接威胁到了全球保险业的稳定。保险业，尤其是与资本市场高度一体化的保险业，容易成为金融危机传染源的新现实，引起了保险理论与实务界的高度重视，在此背景下上市保险公司的股价波动日渐成为理论研究的热点。目前，内地虽仅有四家保险公司在A股上市，但作为保险业的代表，这四家上市公司是整个行业发展的"领头羊"，基本反映了整个行业的发展状况。研究保险股票的波动性，探索其产生的原因，寻求有效的应对策略对上市保险公司、投资者、投保人乃至整个国民经济都具有重要意义。

10.2 文献回顾

国外学者对保险股价格波动的研究成果主要集中在三个方面：

一是财务信息发布对股价的冲击。Foster（1975）发现，自Ball和Brown（1968）提出会计利润与股票价格正相关的观点后，学术界便开始检验市场作为一个整体对会计利润的反应（Ball，1972；Kaplan and Roll，1972；Sunder，1973），并检验未报告利润是否比已报告利润更能影响股价（Beavers and Dukes，1973）。Fenn和Cole（1994）考察了个别保险人发布重大投资亏损消息对其他寿险类股票收益率的传染效应，发现相关信息的发布对那些在垃圾债券或商业抵押资产上有较大投资份额，以及那些大量出售保证收益保单的公司的股价有较大的冲击。

二是保险股价对不同股利政策的反应。Lee和Forbes（1980）分析了股利政策对非寿险公司股价的影响，发现股利政策对非寿险公司的股价存在显著的影响，公司应选择股利政策最小化融资成本。Akhigbe、Borde 和 Madura（1997）考察了保险股价对股利增长的反应，发现股价会对股利增长做出正向的、显著反应；寿险公司股价对股利增长的反应幅度小于非寿险公司和工业企业，但大于银行业，这可能源于寿险公司相对较低的自有资本。

三是以保险股票或承保风险为基础资产的保险衍生品的定价问题。Cox 和 Schwebach（1992）考察了芝加哥交易市场上以保险股为基础资产的期货与期权的报价情况，发现一个基于保险期货的欧式买权等价于一份基于保险人承保风险组合的止损再保险；卖权相当于自留风险损失的贴现期望值，保险人可以用期货期权部分地替代传统止损再保险，提高经营风险转移的效率。通过引入股票价格分布的扭曲算子，Wang（2000）给出了风险中性条件下期权价值的评估模型，并检验了 Black-Scholes 期权定价公式的适用性，为保险风险、金融风险的定价给出了一体化的模型与方法。

可见，国外学者很重视财务信息披露及股利政策等对保险股价的冲击，较少关注承保利润、投资利润及市场情绪对保险股价的影响。这与金融危机前，基于风险导质性而得出的保险业不会成为金融风险传染源的假说有关，在美国政府被迫拯救 AIG 而非雷曼公司的背景下，这些研究已明显落后于全球保险业的发展。

我国学者对保险股的研究主要也集中在三个方面：

一是出于经验借鉴的动机，关注国外保险类股票股价的波动。余海丰和曲迎波（2007）研究了美国 20 家上市财险公司的股价波动风险，发现导致上市财险公司股价波动的原因主要有经营业绩变化、保险类股票股价的同步波动和投资者预期等。因此，他们主张运用多种方法和手段，做好上市财险公司的股价维护，防范、化解上市保险公司的股价波动风险。

二是在 AIG 危机的冲击下，关注保险业成为金融风险传染源的可能性及其应对策略。孙祁祥等（2008）发现，在此轮金融危机的形成机制和利益关系链条中，保险公司不仅充当了次级债券的重要投资者、重要的资金提供者，还通过提供信用类保险大大增强了市场和投资者的信心，是金融危机形成机制中的重要一环。AIG 危机雄辩地证明，违背基本"承保原则"的保险创新最终一定会受到惩罚。李娅和张倩（2008）分析了 AIG 危机产生的原因，探讨其带来的教训，认为我国保险业应警惕国际金融风险传导、注重风险控制、完善保险公司风险管理。杨霞（2010）认为，AIG 危机表明，保险业与其他金融业的相互渗透，在微观上因机构间不同的风险状况能分散集团风险；在宏观上因行为方式的不同对金融稳定可发挥不同的作用，但也可能会通过股权纽带关系与金融工具交易等渠道，导致跨部门的风险传染。樊联社（2010）则仍然乐观地认为，保险市场与信贷市场、货币市场、资本市场的相互依赖性日渐增强，加快保险业发展，发挥其在金融资源配置中的重要作用，对健全金融体系，维护金融稳定具有重要作用。

三是分析业绩及相关信息发布对保险股价的影响。魏锋和薛飞（2010）运用事件研究法检验了新《保险法》公布对我国保险股的冲击效应，发现新《保险法》的公布对保险股价有显著的冲击效应，对我国保险业的发展和保险股票投资者的行为都产生了影响。盛虎和王学（2010）以每股收益、每股投资收益与每股承保利润间的关系为视角，研究了保险投资对我国上市保险公司收益的影响。李捷（2010）认为，股价是上市保险公司价值的体现，股价波动不仅会对企业造成影响，也会影响投资者的利益，但实证分析表明，我国上市保险公司股价与其经营业绩仅存在较弱的相关性。刘扬（2010）使用 GARCH、EGARCH 和 GARCH-M 模型，对保险股票收益率的波动性进行了分析，发现我国保险类股票的收益率具有尖峰厚尾性、异方差性，其波动具有持续性和非对称性。

可见，在保险公司陆续上市的进程中，国内学术界目前主要关注保险股均衡价格的决定，而非价格的波动。这与国外保险股均衡价格已然确定，学术界主要关注各种随机因素对保险股价的冲击有所不同，但与我国保险业及资本市场的发展阶段相符。

10.3 保险股价波动模型的构建

10.3.1 个体模型的构建

相对于其他产业，我国保险业的上市融资明显滞后，截至 2011 年 12 月 16

日在内地 A 股市场上市的保险公司仅有四家。由于各上市保险公司具有不同的特质，其股价波动特征各不相同。为充分揭示不同公司的股价表现，动态刻画保险业陆续上市的进程，应首先分析各保险股价格的个体特征。为此，我们先构建一个刻画各保险股价格波动特征的个体模型。

$$R_i = \alpha_i + \beta_{i1}R_{i,t-1} + \beta_{i2}rperf_i + \beta_{i3}rsh + \beta_{i4}rsz + \gamma_{i1}AD_1 + \gamma_{i2}AD_2 \\ + \gamma_{i3}AD_3 + \gamma_{i4}AD_4 + \gamma_{i5}AD_5 + u_i \quad (10-1)$$

其中，$i = gs, pa, tb$，分别代表中国人寿、中国平安和中国太保三家上市保险公司。由于新华人寿的上市时间过短，本书暂不对其股价波动进行分析。$R_i = LnP_{i,t} - LnP_{i,t-1}$ 是各上市保险公司股价的月度对数收益率，$P_{i,t}$ 是 i 公司 t 月底的股票收盘价；$t = 2007.01 \sim 2011.11$，代表本书的样本期：2007 年 1 月到 2011 年 11 月。rperf 是各上市公司原保费收入的月度对数增长率，用于揭示股价对承保业绩的反应；rsh、rsz 分别代表上证指数和深成指数的月度对数收益率，用于揭示市场情绪对保险股价的影响；u_i 是残差项，$u \sim N(0, \sigma^2)$。

在保险公司陆续上市的进程中，新公司的上市必然会对已上市公司的股价形成冲击；金融危机及国家重大财政金融政策的变化也会影响保险股的价格波动。因此，本书虚拟变量 AD 的选择对象共有五个：一是 2007 年 3 月，继中国人寿的回归，中国平安在 A 股上市；二是 2007 年 12 月，继中国人寿和中国平安之后，中国太保在 A 股上市；三是 2008 年 9 月，美国雷曼公司正式宣布破产倒闭，全球金融危机爆发；四是 2008 年 11 月，我国宣布启动四万亿财政刺激计划；五是 2011 年 1 月银保新政及新保险会计准则的实施。经由邹检验（Chow test），最终确定 AD 的取值为：

$$AD = \begin{cases} 0 & 2007.01 \sim 2007.11 \\ 1 & 2007.12 \sim 2011.11 \end{cases}$$

因此，个体模型最终确定为，

$$R_i = \alpha_i + \beta_{i1}R_{i,t-1} + \beta_{i2}rperf_i + \beta_{i3}rsh + \beta_{i4}rsz + \gamma_i AD + u_i \quad (10-2)$$

10.3.2　整体保险业 PANAL DATA 模型的构建

独立考察各上市保险公司的股价变化仅有助于把握各公司股价波动的个性，不能从整体上把握保险股价变化的共性。为从整个产业的角度考察保险股的价格变化，本书构建如下面板数据模型：

$$R_{it} = \omega_{it} + \gamma_{it} R_{i,t-1} + \tau_{it} rperf_{it} + \varphi_{it} rsh + \psi_{it} rsz + \kappa_{it} AD + \varepsilon_{it} \quad (10-3)$$

其中，$i = gs, pa, tb$，$t = 2007.12 - 2011.11$，$R_{it} = LnP_{i,t} - LnP_{i,t-1}$，随机误差项 $\varepsilon_{it} \sim N(0, \sigma_{it}^2)$。经由邹检验（Chow test），发现四万亿财政刺激计划对保险股价格的冲击最为显著，因而面板数据模型的虚拟变量 AD 最终确定为：

$$AD = \begin{cases} 0 & 2007.12 \sim 2008.11 \\ 1 & 2008.12 \sim 2011.11 \end{cases}$$

10.4　样本选取与统计描述

10.4.1　样本选取与数据处理

本书选取中国人寿、中国平安、中国太保、上证综指和深成指数每月的收盘价作为股价数据，原始数据均来自雅虎财经网站，其中中国人寿、上证综指、深成指数的样本期为2007年1月至2011年11月；中国平安的样本期为2007年3月至2011年11月；中国太保的样本期为2007年12月至2011年11月。中国平安由于2008年中期有重大投资信息发布，缺少该年7、8月两个月的收盘价，以此前月份的收盘价填充，以保证面板数据的平衡。

原保费数据来自中国保险监督管理委员会网站的"人身险公司保费收入情况"的"人寿保险公司原保险保费收入情况表"（http://www.circ.gov.cn/web/site0/tab61/）。原始数据为各年原保费收入的月度累积数，用本月累积数减上月累积数即得本月原保险保费收入。尽管保险资金运用已成为现代保险业生存与发展的重要支柱，保险投资已成为保险公司获取利润的主要手段，但限于数据的可得性，本书仅以承保业绩表征上市保险公司的经营绩效。

10.4.2 数据统计描述

表 10-1 给出了三支保险股和沪、深两市指数月度对数收益率的统计描述。Jarque-Bera 统计量表明，在 1% 的显著性水平下，各对数收益率的分布都具有明显的"尖峰肥尾"特征，不同于正态分布的假设。滞后 1 至滞后 10 阶的自相关系数是否联合为 0 的统计量 Q（10）表明，在 5% 的显著性水平下，各序列均具有明显的自相关特征。五个系列的 ADF 检验和 PP 检验结果表明，各序列的 ADF 和 PP 统计量的值均小于 1% 显著性水平的临界值，故均为平稳序列，对其直接建模不会出现伪回归的问题。

表 10-1 各保险股对数收益率的基本统计特征

	国寿股价	平安股价	太保股价	上证综指	深成指数	国寿保费	平安保费	太保保费
样本数	59	57	48	59	59	59	57	48
均值	-0.0126	-0.0043	-0.0204	-0.0031	0.0041	-0.0032	0.0023	0.0050
中位数	-0.0038	-0.0042	-0.0091	0.0114	0.0133	-0.0262	0.0280	-0.0061
标准差	0.1367	0.1657	0.1419	0.1053	0.1160	0.3527	0.2128	0.2526
偏度	-0.6960	-0.3793	-0.3993	-0.7383	-0.3784	0.4385	0.2537	0.8275
峰度	3.4562	2.9027	3.1503	3.2275	2.7868	3.1584	5.3286	4.1141
Jarque-Bera	5.1862 (0.0748)	1.3651 (0.5053)	1.2930 (0.5239)	5.3946 (0.0674)	1.4941 (0.4738)	1.9191 (0.3831)	13.2526 (0.0013)	7.7953 (0.0203)
Q（10）	9.0802 (0.525)	6.9445 (0.731)	5.5004 (0.855)	14.379 (0.156)	18.132 (0.053)	12.833 (0.233)	12.923 (0.228)	17.678 (0.061)
ADF	-8.9349 (-3.5504)	-7.1809 (-3.5550)	-7.3222 (-3.5812)	-7.3594 (-3.5504)	-6.8266 (-3.5504)	-9.2628 (-3.5777)	-9.4165 (-3.5550)	-8.6877 (-3.5812)
PP	-8.8716 (-3.5504)	-7.1807 (-3.5550)	-7.3095 (-3.5812)	-7.4265 (-3.5504)	-6.9401 (-3.5504)	-14.2355 (-3.5504)	-11.1476 (-3.5550)	-14.4942 (-3.5812)

注：各公司保费序列指保费的对数增长率；Jarque-Bera 值是正态检验统计量；Q（10）统计量分别检验收益率序列滞后 1-10 阶自相关系数是否联合为 0，括号内为伴随概率；ADF 和 PP 统计量为单位根检验，用以检验序列的平稳性，括号内为 1% 水平的临界值。

10.5 实证结果与分析

在不考虑保险股价波动溢出效应的条件下,表 10-2 给出了各上市保险公司股价独立波动模型的估计结果。

表 10-2　　　　　各保险公司股价波动独立模型

参数	中国人寿模型	中国平安模型	中国太保模型
α	0.0130	0.0727	0.0035
β_{i1}	-0.1849 **	-0.1513	-0.069
β_{i2}	-0.0389	-0.0593	-0.044
β_{i3}	2.0849 ***	2.1572 ***	1.7889 ***
β_{i4}	-1.0144 ***	-0.9509 **	-0.5139
γ	-0.0193	-0.0754	
Adj-R^2	0.7428	0.5959	0.7604
SSR	0.2490	0.5106	0.1857
残差-Q(10)	11.800 (0.299)	11.019 (0.356)	18.372 (0.049)
ARCH-LM(1)	0.3095 (0.5803)	4.4789 (0.0391)	0.3286 (0.5695)
对数似然值	73.9736	50.6461	61.5136
F 值	33.3435 (0.000)	16.9300 (0.000)	36.6943 (0.000)
AIC 准则	-2.3850	-1.6235	-2.4571
SC 准则	-2.1700	-1.4045	-2.2583
DW	1.8972	5.4105	2.6647

注:*、**、*** 分别代表 10%、5%、1% 显著性水平下显著。残差-Q(10) 是回归残差序列滞后 1~10 阶自相关系数是否联合为 0 的统计量,括号内为伴随概率。

表 10-2 显示,本期保险股收益率与上期保险股收益率呈反方向变化,保险股价格具有自动修正的特征,一旦偏离均值就会自动修正。其中,中国人寿的修正速度最快,仅需 3~4 期即可恢复均值;中国平安的修正速度次之;中国太保的修正速度最慢。

令人不解的是,各保险股的月度收益率均与其月度原保险保费收入增长率呈反方向变化。为验证是否为模型设定错误，本书将月度原保险保费收入的对数值、当期及提前一期的月度保费收入增长率等变量依次引入模型，结果发现保险股的月度收益率均与其承保业绩呈反方向变化。虽然月度原保险保费收入增长率回归系数的显著性水平并不高，但在试用逐步回归法等多种变量筛选方法时，该变量总能进入方程，说明保险股的投资者并不按照保险公司在承保市场上的表现来做投资决策，也意味着投资者对承保业务的周期性有充分的认识。

各保险股收益率与上证指数收益率同方向变化且高度显著，说明投资者情绪对保险股收益率存在明显的影响，这与我国证券市场尚处于初级发展阶段，投资者尚不成熟的实际相符。各保险股收益率与深成指数收益率呈反方向变化，其原因可能是保险股多为大盘股，而深市股票多为小盘股。在情绪主导的证券市场上，中小板块高涨必然会吸纳大量的资金，大盘股，尤其是其中的保险股必然下跌。为避免上证指数与深成指数同时引入模型的共线性问题，本书尝试用逐步回归法选择其中最能反映股市情绪，最有解释能力的综合指数，结果表明这两个指数总能同时进入模型，且深成指数一直与保险股收益率反方向变化。

代表中国太保上市的虚拟变量的回归系数为负数，说明中国太保的上市确实对已上市的中国人寿和中国平安的股价形成了负向冲击，分散了一部分原本投资于这两支股票的资金。其中中国太保的上市对中国平安股价的冲击较大，对中国人寿股价的冲击较小，反映了中国太保与中国平安两家公司同质性更高的事实。由于中国平安与中国人寿的上市时间仅相隔 2 个月，无法进行邹断点检验（Chow test）。因此，本书忽略了中国平安上市对中国人寿股价的冲击。

保险股收益率波动整体面板数据模型的实证结果（见表 10-3）与各保险公司股价波动独立模型的结果基本一致，保险股收益率与其滞后项呈反方向变化，表明保险股价存在自我修正的机制；保险股收益率与承保业务增长率呈反方向变化，既揭示了承保业务"盛衰转换"的周期性，也反映了投资者投资行为的短期性，说明保险股价格的短期波动多来自投资者周期性的炒作。保险股收益率与上证指数收益率呈同方向变化而与深成指数呈反方向变化，说明保险股属于大盘股，其波动性与大盘指数更为接近。面板数据模型中表征"四万亿"财政刺激计划的虚拟变量的回归系数存在差异，"四万亿"刺激计划对中国平安和中国太保的股价有支持作用，但对中国人寿的股价却起到了下拉作用，说明两家在经营机制上更灵活的保险公司更能适应环境的变化。

表 10-3　　　　保险股价波动的 PANAL DATA 整体模型

参数	中国人寿模型	中国平安模型	中国太保模型
ω	-0.001	-0.0509	-0.0341
γ	-0.1579	-0.1808**	-0.1313
τ	-0.028	-0.073	-0.0261
φ	2.1051***	1.8908***	1.7439***
ψ	-1.0154***	-0.7727	-0.5454*
κ	-0.0025	0.0636	0.0453
Adj-R^2	0.6862		
SSR	0.6902		
对数似然值	169.7474		
F 值	18.6196（0.000）		
AIC 准则	-2.1992		
SC 准则	-1.8174		

注：*、**、*** 分别代表10%、5%、1% 显著性水平下显著。

10.6 结论与建议

本书研究了保险股价格与上市保险公司经营业绩及综合指数间的关系，揭示了保险股投资者投资行为的理性程度，分析了经营业绩和市场情绪在保险股价波动中的作用。

股价是股票未来现金流的现值之和，尽管未来是不确定的，股价可能高估或低估，但保险股价格应该与其经营业绩紧密相关。投资者可以通过对经营业绩的分析，做出理性的投资决策，但本书却发现保险股收益率与承保业绩增长率呈反方向变化，且所有的公司无一例外。这一方面与承保业务的周期性有关，另一方面也说明了保险股投资者的不成熟。

不发达的资本市场为投机者提供了很多暴利机会，诱导股民热炒某些股票，使其股价大幅波动。保险股受大盘情绪影响较大而与承保业绩反方向变化，说明保险股的短期投资者金融知识欠缺，常被不真实的信息左右，容易出现"羊群"效应，不是根据基本面，而是跟随市场传言或个人经验做出投资决策。

新保险股的上市及"四万亿"财政刺激计划等重大财政金融政策会对保险股形成强有力的冲击，说明保险股易受政策的影响，明显受到系统性风险的影响，这一特质决定了保险股价格与经营业绩间的弱相关关系，而与大盘指数间呈强相关关系。

股价是上市保险公司综合价值的体现，代表着上市公司的形象，是上市公司品牌最具说服力的代表，因而股价与上市公司发展息息相关。股价下跌会给公司经营层带来巨大的经营压力，影响承保市场上潜在投保人的投保决策，推高再融资成本，迟滞上市保险公司的做大做强。因此，保险监管者与具体的保险人均应高度重视股价波动风险，研究股价波动规律，采取措施防范化解股价波动风险。保险监管部门应监督上市保险公司及时、准确、完整地披露相关业绩信息，及时澄清虚假信息，防止虚假信息对投资者的误导。上市保险公司则应依据自身的价值，结合市场情况，保持股价的相对稳定，维护公司财务稳健的外部形象，争取更好的再融资条件。

第11章

我国保险股收益与波动溢出效应实证研究

11.1 引言

自2007年1月9日,中国人寿回归A股以来,我国内地的保险三巨头:中国人寿、中国平安和中国太保均已在A股上市。随着保险业的进一步发展,未来将会有更多的保险企业上市,保险股之间的信息溢出与动态相关将更趋紧密。股票市场的波动与信息流密切相关,刻画不同股票间的动态影响关系一直是证券市场理论研究的重要课题之一。在同一证券市场上,任一股票的交易信息都能迅速传遍整个市场,同类股票间资金流动与信息传播的联系尤为紧密,收益与波动更具有同向运动的特征。任何单支股票的波动不仅受到其自身既往波动的影响,还会受到整个市场及其他同类股票波动的影响。同样地,单支保险股票的价格不仅受其自身因素的影响,还会受到其他保险类股票,乃至整个证券市场股价波动的感染。引起波动的信息可能只对某支特定的保险股有意义,但其他保险类股票也可能对其做出过度的反应。在保险公司陆续上市的进程中,保险股股价之间的信息传导机制对潜在投保人的投保决定、投资者的投资策略、上市保险企业的正常运营及证券、保险监管者的有效监管都具有重要的意义。研究保险股之间的收益与波动溢出效应,不仅能为判断各上市保险企业的经营绩效,防止股价的剧幅震荡提供理论依据,也能为投保人、投资者及证券、保险监管者等利益相关方的决策提供理论支持。

孤立地考察某支保险股的股价波动,可能会忽略掉很多外在影响保险股股价的重要信息,无法全面、准确地解释保险股的股价运行。收益和波动是揭示股票报酬率和风险的重要指标,从动态的角度把握保险股之间的收益与波动,以及信息传导机制有助于更深入地揭示保险股股价的运行规律。因此,只有统筹考察沪、深两市整体收益与波动对保险类股票的溢出效应,以及保险股票之间的溢出效应,才能动态地把握住保险股间收益与波动的传染关系。

我国学术界对金融感染等宏观命题一直十分关注,但迄今没有针对保险股间信息溢出与传染效应的研究,不能不说是学术研究的一大缺憾。这不仅与我国保险业快速发展,保险公司陆续上市,保险业在金融业中的地位日趋重要的实践相距甚远,也无法为后金融危机时代证券与保险的联合监管提供理论支持。因此,学界在关注整体金融风险传染的同时,也应更多地关注保险股票间的信息溢出与感染效应。通过对保险股溢出效应的考察,剖析外部冲击的传导路径和方向,掌握信息传递的模式,能协助上市保险公司在其股价因外部冲击而波动之前做出更准确的预测,也能为监管者提高监管效率提供启示。

11.2 文献回顾

股市信息溢出效应分为两类:均值溢出效应和波动溢出效应。"均值溢出"指某支股票的收益不仅受其自身既往收益的影响,还会受到其他股票前期收益的影响,即存在收益率条件一阶矩的Granger因果关系。"波动溢出"指某支股票的波动不仅受其自身过去波动性的影响,还会受到其他股票波动的影响,即存在收益率二阶矩的Granger因果关系。由于收益率的波动性为风险,因而股市及股票间的波动溢出效应受到了众多学者的关注。

国内外学术界一直很关注股市间收益与波动的溢出效应,并进行了大量的研究,但很少关注同类股票间的信息溢出效应。Eun(1989)运用GARCH模型研究了股市间的波动溢出效应,发现信息快速地从美国股市向其他市场传递,但所有其他国家的股市都不能解释美国股市的波动。Hammo（1990）利用 GARCH 模型研究了纽约、伦敦和东京三个股票市场间的收益与波动溢出效应，发现每两个市场之间都存在双向的收益与波动溢出效应。Kourmos 等（1995）发现股价是相互依赖的，纽约市场和东京市场之间存在双向的收益溢出效应，波动性也相互依赖，具有显著的信息传导效应。Miyakoshi（2003）发现日本股市对其他亚洲国家股市的波动溢出效应强于美国股市，其他亚洲国家的股市对日本股市具有反向的波动溢出效应。Kin（1994）通过在单变量 GARCH 模型中添加虚拟变量的方法，分析了韩国股市对外开放的效果，发现随着韩国股市国际化的加深，美国、日本股市对韩国股市的影响在加强。Lee Rui 和 Wang（2003）分析了 NASDAQ 与亚洲二板市场间的信息传递机制，发现 NASDAQ 市场对亚洲二板市场存在流星雨效应。尽管研究对象、样本区间及研究方法存在着不同，但国外学者的研究均表明股市间存在着收益与波动的溢出效应。

近年来，国内学者也开始关注股市间的信息溢出效应。赵留彦和王一鸣（2003）研究了 A、B 股的波动溢出，发现在 B 股对外开放前两市的波动相互独立，此后则存在单向的 A 股向 B 股的溢出效应。王群勇和王国忠（2004）也发现 A、B 股之间仅存在 A 股向 B 股的单向溢出。借用 Hammo 等基于单变量 GARCH 的两步法，刘金全和崔畅（2002）分析了沪、深两市的波动溢出效应，发现两市之间仅存在沪市对深市的单向溢出效应。利用小波分辨法，汪素南和潘云鹤（2004）检验了美股、港股及沪市的波动溢出，发现美股对港股存在显著的溢出效应，沪市则不受两市波动的影响。张碧琼（2005）检验了纽约、东京、伦敦、香港、上海和深圳股市间收益与波动的流星雨假定，发现香港、纽约、东京和伦敦市场对沪市和深市存在显著的单向溢出效应。基于 DCC - (BV) EGARCH - VAR 模型，谷耀和陆丽娜（2006）检验了港、沪、深股市间的信息溢出效应与动态相关性，发现港股对沪市和深市具有显著的波动溢出效应，沪市收益与波动的信息对深市具有信息显示作用。董秀良和曹凤岐（2009）基于多元 GARCH 模型研究了国内外股市间的波动溢出效应，结果表明，香港股市对沪市具有显著的波动溢出；美、日股市对沪市的波动溢出效应则不明显。

综上所述，国内外学者关于股市信息溢出效应的研究重在研究不同股市之间，而非具体股票之间的溢出效应。但从微观金融的角度看，具体股票的交易也是相对独立的市场，因而研究股市间信息溢出效应的方法也同样适用于具体股票间波动传导关系的研究。本书试图将研究股市间信息传递机制的模型应用于保险类股票间信息传递的研究，以求获得新的启示。

11.3 两阶段 ARMA - EGARCH 模型的构建

时间序列数据，尤其是高频时间序列数据的回归残差往往并不符合零均值、同方差的经典假设（Bollerslev，1986），往往存在条件异方差的问题，使回归结果难以评价，采用 GARCH 模型（Engle，1995）不仅可以解决这一问题，还可以检验金融市场收益与风险间的关系。金融市场的实践表明，较之于好消息，股价往往对同等程度的坏消息更为敏感，即坏消息对股价波动的影响一般要大于好消息。资本市场上的冲击具有非对称效应（Ng，1993），负的冲击比正的冲击更容易增加波动，因为较低的股价减少了股东的权益，股价的大幅下跌增加了公司的财务杠杆，继而增加了持有股票的风险。为克服普通 GARCH 模型需对参数施加诸多限制的不足，Nelson（1991）提出了 EGARCH（Exponential GARCH）模型，用条件方差的对数取代方差方程左边的条件方差，使杠杆影响不再是二次的，而是指数的，内在地保证了条件方差预测值的非负性。

由于本书重在分析保险类股票之间，而非市场之间的信息溢出效应，为更准确地捕捉具体保险股票间的信息传递机制，我们借鉴 Lee、Rui 和 Wang（2003）的方法，构建了能充分揭示保险类股票间收益与波动关系的两阶段 EGARCH 模型。

第一阶段，构建一个 ARMA(1,0)-EGARCH(1,1)模型来刻画沪、深两市及三支保险股的收益与波动，模型为：

$$\begin{cases} X_{i,t} = c_i + a_i X_{i,t-1} + b_i AD_t + u_{i,t} \\ \ln(\sigma_{i,t}^2) = \omega_i + \alpha_i \left| \dfrac{u_{i,t-1}}{\sigma_{i,t-1}} \right| + \beta_i \dfrac{u_{i,t-1}}{\sigma_{i,t-1}} + \gamma_i \ln(\sigma_{i,t-1}^2) + \phi_i AD_t \end{cases} \quad (11-1)$$

其中，i = sh, sz, gs, pa, tb, t = 2007.01.09 – 2011.12.09，$X_{i,t}$ 是上证综指（sh）、深成指数（sz）、中国人寿（gs）、中国平安（pa）和中国太保（tb）的对数收益率，即 $X_{sh,t} = \ln(sh_t) - \ln(sh_{t-1})$，$X_{sz,t} = \ln(sz_t) - \ln(sz_{t-1})$ 等；$u_{i,t}$ 是均值方程的残差，代表两市及三支保险股未预期的收益；$\sigma_{i,t}^2$ 是两市及三支保险股收益的条件方差；AD 是一个虚拟变量，反映"四万亿"财政刺激政策的冲击。

AD 变量的选择时点有两个：一是 2008 年 9 月 15 日美国雷曼公司正式宣布破产倒闭；二是 2008 年 11 月 5 日我国正式宣布启动"四万亿"财政刺激计划。经由邹检验（Chow test），最终确定 AD 的取值为：

$$AD = \begin{cases} 0 & 2007.01.09 - 2008.11.05 \\ 1 & 2008.11.05 - 2011.12.09 \end{cases}$$

第二阶段，构建一个 ARMA（1，1）- EGARCH（1，1）模型来刻画沪、深两市信息溢出对三支保险股收益与波动的影响，以及三支保险股之间的信息溢出效应，模型为：

$$\begin{cases} R_{j,t} = \alpha_{j,0} + \alpha_{j,1} R_{j,t-1} + \sum_{l=0}^{1} \alpha_{j,i} u_{i,t-l} + \alpha_{j,2} AD_t + \varepsilon_{j,t} \\ \ln(h_{j,t}^2) = \beta_{j,0} + \beta_{j,1} \left| \dfrac{\varepsilon_{j,t-1}}{h_{j,t-1}} \right| + \beta_{j,2} \dfrac{\varepsilon_{j,t-1}}{h_{j,t-1}} + \beta_{j,3} \ln(h_{j,t-1}^2) \\ \qquad\qquad + \sum_{l=0}^{1} \beta_{j,i} u_{i,t-l}^2 + \beta_{j,4} AD_t \quad (i \neq j) \end{cases} \quad (11-2)$$

其中，j = gs, pa, tb, i = sh, sz, gs, pa, tb，当 i = j 时，就自动忽略该项，跳至下一指标项，直至历遍 sh，sz，gs，pa，tb 各项。均值方程中的 $R_{j,t}$ 是三支保险股的对数收益率，来自第一阶段模型的 $u_{i,t-l}$ 及其系数 $\alpha_{j,i}$ 用于刻画沪、深两市及另外两支保险股当期及滞后一期收益率对该保险股的收益溢出效应。条件方差方程中的 $u_{i,t-l}^2$ 及其系数 $\beta_{j,i}$ 用于刻画沪、深两市及另外两支保险股当期及滞后一期波动率对该保险股的波动溢出效应。引入沪、深两市的收益与波动，旨在控制住大盘的影响，以更清晰地考察三支保险股之间收益与波动的溢出效应。

11.4 样本选取与统计描述

11.4.1 样本选取与数据处理

本书选取中国人寿、中国平安、中国太保、上证综指和深成指数每日的收盘价作为原始数据,原始数据均来自雅虎财经网站,其中中国人寿、上证综指、深成指数的样本期为 2007 年 1 月 9 日至 2011 年 12 月 9 日;中国平安的样本期为 2007 年 3 月 1 日至 2011 年 12 月 9 日;中国太保的样本期为 2007 年 12 月 25 日至 2011 年 12 月 9 日,具体建模回归时则以最小样本期为准。由于不同保险股年、季报披露的时点不同,重大事件的发生时点各不相同,各自的停牌时间也不相同,本书基于 Stepwise 法,以各保险股均有交易数据的时间为准对各样本进行了预处理。在其各自的样本期内,中国人寿共缺少 7 天的交易数据;中国平安共缺少 64 天的交易数据;中国太保共缺少 7 天的交易数据;自 2007 年 12 月 25 日至 2011 年 12 月 9 日,三支保险股均有交易数据的观测点为 891 个。

11.4.2 数据统计描述

表 11-1 给出了三支保险股和沪、深两市对数收益率的基本统计描述。Jarque-Bera 统计量表明,在 1% 的显著性水平下,各对数收益率的分布具有"尖峰肥尾"特征,不符合正态分布的经典假设。自相关系数是否联合为 0 的统计量 Q(10) 显示,在 5% 的显著性水平下,各序列均具有明显的自相关特征。Q2(10) 表明各对数收益率的平方序列显著自相关,具有波动聚类的特征。单位根检验结果表明,各序列均为平稳序列,可对其直接建模。

表 11 -1　　　　　　各市保险股对数收益率的基本统计特征

	中国人寿	中国平安	中国太保	上证综指	深成指数
样本	1191	1103	957	1191	1191
均值	-0.0006	-0.0001	-0.009	-0.0002	0.0002
中位数	-0.0006	0.0002	0.0000	0.0011	0.0013
标准差	0.0284	0.0304	0.0296	0.0203	0.0226
偏度	0.0620	-0.1295	-0.0032	-0.3436	-0.3672
峰度	4.6085	4.4178	4.1332	5.3136	4.6066
Jarque-Bera	129.1515 (<0.01)	95.4618 (<0.01)	51.2083 (<0.01)	289.0625 (<0.01)	154.8564 (<0.01)
Q (10)	22.001 (0.015)	6.0679 (0.810)	5.3278 (0.868)	17.394 (0.066)	20.758 (0.023)
Q2 (10)	247.58 (<0.01)	143.96 (<0.01)	90.657 (<0.01)	127.34 (<0.01)	123.20 (<0.01)
ADF	-34.9500 (-3.436)	-32.0909 (-3.436)	-37.0689 (-3.437)	-34.4215 (-3.436)	-32.9499 (-3.436)
PP	-35.0630 (-3.436)	-32.0863 (-3.436)	-31.0696 (-3.437)	-34.4269 (-3.436)	-32.9555 (-3.436)

注：上证指数、深成指数对数收益率序列是以中国人寿交易数据为基础，经由 Stepwise 法调整后的样本；中国平安、中国太保序列也经由 Stepwise 法调整。

11.5

实证结果与分析

第一阶段 ARMA (1, 0) - EGARCH(1, 1) 模型的回归结果（见表 11 -2）表明沪、深两市及三支保险股的收益与波动情况与理论假设完全吻合。在收益率上，除中国人寿的对数收益率序列表现特殊外，其他系列的收益率均具有长记忆性，均与上期呈同方向变化。中国人寿的收益率为什么每况愈下，在本书中确属不解之迷，即使放弃引入虚拟变量，它的这一特征也未显弱化。在波动性上，除中国平安表现异常外，其他系列均存在明显的"杠杆效应"，股市对"坏消息"的承受能力不够，股价往往会出现大幅波动；对"好消息"的反应则较为适度，除中国平安外，其他各系列的波动均属正常。中国平安的异常波动究竟是由于投资者对"好消息"反应迟钝，还是由于其重大事件发生过多，尚需另做检验。

无论是在均值方程中,还是在方差方程中,表征"四万亿"财政刺激计划虚拟变量 AD 的回归系数表明,"四万亿"确实提振了市场信心,各收益率系列均对其做出了正向的反应。整体上看,"四万亿"对市场整体信心的提振作用明显,但对三支保险股的提振作用有限。在降低波动性、稳定市场方面,"四万亿"也作用明显,其对市场波动的平抑作用几乎能抵消"坏消息"的冲击效应。

表 11-2 两市指数与三支保险股对数收益率 EGARCH 回归结果

参数	上证指数	深成指数	中国人寿	中国平安	中国太保
c	-0.0006	-0.0004	-0.0006	-0.0005	-0.0076
a	0.0106	0.0471	-0.0128	0.0304	0.0116
b	0.0006	0.0004	0.0001	0.0002	0.0076
ω	-0.2644	-0.3133	-0.2145	-0.0139	-0.4599
α	0.0875 ***	0.0971 **	0.0945 ***	-0.0161 **	0.1392 ***
β	-0.0253 ***	-0.0301 ***	-0.0146	-0.0118 ***	-0.0524 ***
γ	0.0973 ***	0.9668 ***	0.9783 ***	0.9957 ***	0.9447 ***
ϕ	-0.0294 ***	-0.0275 **	-0.0287 ***	-0.0077 ***	-0.0523 ***
残差-Q(10)	11.990 (0.286)	15.098 (0.129)	10.512 (0.397)	4.4707 (0.924)	4.4435 (0.925)
ARCH-LM(1)	0.0099 (0.9206)	0.1273 (0.7214)	1.6038 (0.2056)	0.1415 (0.706)	0.0589 (0.8083)
对数似然值	3057.044	2904.774	2682.865	2374.084	2066.973
F 值	0.1180 (0.997)	0.3834 (0.912)	0.0408 (0.9999)	0.1844 (0.988)	1.4129 (0.196)
AIC 准则	-5.1244	-4.8685	-4.4956	-4.2942	-4.3075
SC 准则	-5.0903	-4.8344	-4.4614	-4.2578	-4.2668

注:*、**、*** 分别代表10%、5%、1%显著性水平下显著。残差-Q(10)是回归残差序列滞后 1~10 阶自相关系数是否联合为 0 的统计量,括号内为伴随概率。

第二阶段 ARMA(1,1)-EGARCH(1,1) 模型的回归结果 (见表 11-3) 表明,沪、深两市对三支保险股的收益与波动均有显著的信息溢出效应,三支保险股之间也存在明显的信息溢出效应。从收益方面看,沪市对三支保险股的收益有正的收益溢出效应;深市则对中国人寿与中国平安有令人费解的负收益溢出效应。在样本期内,中国人寿与中国平安的对数收益率逐步走低,中国人寿与不考

第11章 我国保险股收益与波动溢出效应实证研究

虑外部因素对其产生溢出效应时的情况相同,但中国平安滞后一期的系数也为负数,与不考虑外界因素溢出效应时的表现正好相反(见表11-2)。中国太保的收益率呈现出逐步走强的趋势,沪、深两市都对其有正的收益溢出。"四万亿"财政刺激计划显著地提升了沪、深两市及三支保险股的收益率。三支保险股的收益呈现出明显的同向变动规律,具有显著的"板块联动"特征。中国人寿对中国平安和中国太保的收益溢出效应最为明显,系数分别为0.4589和0.3707;这两支保险股对中国人寿的收益溢出作用相对微弱,系数分别为0.2893与0.2613;中国平安与中国太保间的收益溢出效应均较大,且影响程度几乎相同,系数分别为0.408和0.4。

表11-3　　　　　　　各保险股间信息溢出效应回归结果

参数	上证综指	深成指数	中国人寿	中国平安	中国太保
αj, 0	-0.0059	-0.0059	-0.0070	-0.0067	-0.0070
αj, 1	0.0075	0.0436***	-0.0270*	-0.0174	0.0063
αj, sh		1.0953***	0.7534***	0.2547***	0.1425*
αj, sz	0.8258***		-0.2763***	-0.0509	0.1997***
αj, gs				0.4589***	0.3707***
αi, pa			0.2893***		0.4080***
αi, tb			0.2613***	0.4000***	
αj, 2	0.006***	0.0061***	0.0067***	0.0067***	0.0072***
βj, 0	-2.7022	-6.4724	-7.4134	-2.5385	-0.0177
βj, 1	0.2672***	0.1257*	0.2260***	0.3265***	-0.0181*
βj, 2	-0.0586*	0.006	-0.0780**	-0.1147***	0.0365***
βj, 3	0.7549***	0.3625***	0.1334	0.7398***	0.9960***
βj, sh		698.595***	-298.9052***	-392.9495***	-20.0594
βj, sz	211.0406***		249.5921***	132.1414**	1.3225
βj, gs				119.0195***	-3.2289
βj, pa			101.7014***		14.5390**
βj, tb			21.8857***	155.8181***	
βj, 4	-0.204***	-0.3597***	-0.9664***	-0.1933***	-0.0091

续表

参数	上证综指	深成指数	中国人寿	中国平安	中国太保
残差 – Q (10)	5.9786 (0.817)	7.158 (0.71)	20.282 (0.027)	15.488 (0.115)	17.208 (0.070)
ARCH – LM (1)	0.6893 (0.4066)	0.2977 (0.5855)	0.1929 (0.6607)	0.0276 (0.8682)	1.4962 (0.2216)
对数似然值	3364.97	3186.598	2777.650	2664.282	2648.500
F值	759.583 (<0.01)	755.053 (<0.01)	239.928 (<0.01)	189.782 (<0.01)	246.047 (<0.01)
AIC 准则	-7.5252	-7.1465	-6.2127	-5.9579	-5.9223
SC 准则	-7.4714	-7.0926	-6.1265	-5.8717	-5.8362

注：*、**、***分别代表10%、5%、1%显著性水平下显著。$\alpha_{j,sh}$ 表示沪市对J系列的收益溢出效应；$\beta_{j,sh}$ 表示沪市对J系列的波动溢出效应，其他指标依此类推。残差 – Q (10) 是回归残差序列滞后1~10阶自相关系数是否联合为0的统计量，括号内为伴随概率。

为进一步考察上证综指对中国人寿与中国平安有正的收益溢出，而深成指数却对这两支保险股存在负的收益溢出的原因，我们建立了考察沪、深两市间信息溢出效应的 EGARCH 模型并进行了回归，回归结果见表11-3的第二列与第三列。回归结果显示，沪、深两市在收益与波动上存在明显的双向溢出效应，唯一的不同是沪市信息溢出效应的作用相对较大，但两者的收益与波动均表现出明显的同方向性。在这一结论下，沪、深两市对中国人寿与中国平安的收益溢出效应却呈现出方向相反的作用确实令人费解。

在波动溢出方面，表11-3的回归结果还表明，上证指数的波动信息对中国人寿、中国平安和中国太保的波动有平抑作用，但深成指数的波动溢出则会加大这三支保险股的波动。与两市对三支保险股的收益溢出效应相似，沪、深两市对彼此都有正的波动溢出效应，但对三支保险股波动溢出的作用却正好相反，也无法从数据上得到解释。是否因为两市波动的共振性过强，沪市的波动性已完全反映或代表深市的波动信息尚需另外求证。两市对三支保险股波动溢出效应的大小与事实较为吻合，沪、深两市对中国人寿的波动溢出效应最大，系数分别为 -298.9052和249.5921；对中国平安的波动溢出效应次之，系数分别为 -392.9495和132.1414；对中国太保的波动影响则非常微弱，系数分别为 -20.0594和1.3225。

在对具体信息的反应方面,中国人寿与中国平安的股价波动存在明显的"杠杆效应",中国太保则表现出了相反的波动,"好消息"会加大它的波动,"坏消息"却能降低它的波动。中国人寿在波动性上的表现与不考虑沪、深两市及其他两支保险股溢出效应时的情况并无本质不同,只是系数发生了微小的改变。在考虑沪、深两市及其他两支保险股溢出效应的情况下,中国平安的波动表现出了显著的杠杆效应,明显不同于表 11-2 中的回归结果,表明如进行更全面的分析,中国平安的波动依然会表现出杠杆效应,与经典理论假设也更为接近。在考虑沪、深两市及其他两支保险股溢出效应的情况下,"好消息"会加大中国太保的波动,"坏消息"却会减小其波动,可能意味着其投资者对相对少见的"好消息"往往反应过度,而对频繁出现的"坏消息"则有较强的承受能力,这与谷耀等(2006)的发现相吻合。

在三支保险股之间的波动溢出效应方面,中国人寿和中国太保对中国平安存在显著的正向波动溢出效应,表明这两支股票的波动将加大中国平安股价的振荡。中国平安和中国太保的波动也会加剧中国人寿的股价波动,不过中国平安对中国人寿的波动溢出效应较大,而中国太保的影响则相对有限。中国人寿和中国平安对中国太保的波动溢出效应较小,其中,中国人寿对中国太保还具有负向波动溢出效应,可能意味着当市场波动加剧时,偏好保险类股票的投资者将会把资金转向中国人寿以避险,反之,则投向波幅相对较大的中国太保以套利。中国平安尽管对中国太保有正向的波动溢出效应,但作用并不明显。

从拟合系数的符号看,"四万亿"财政刺激计划显然降低了三支保险股的波动幅度,这一结论与表 11-2 完全相同。

11.6 结论与启示

本书构建的两阶段 ARMA-EGARCH 模型较好地测度了我国三支保险类股票之间的信息溢出效应及沪、深两市对三者的收益与波动溢出效应,从动态的角度考察了沪、深两市及三支保险股之间收益、波动的冲击及其时变相关性。各个指标和模型的整体拟合效果均较为理想,为三支保险股的利益相关者提供了新的、可信的决策依据。

上海股市对三支保险股的收益有显著的正向收益溢出效应,上证综指对三支保险股的收益率有较强的解释能力,这与股市流星雨假说相吻合,暗示三支保险股可能具有较大的 β 系数。

三支保险股之间存在明显的收益溢出效应,三者呈现出显著的"板块联动"特征,中国人寿对中国平安和中国太保存在显著的收益溢出效应;中国平安与中国太保之间存在着几乎相等的双向收益溢出效应;中国太保和中国平安对中国人寿虽存在正向的收益溢出效应,但影响力较弱。

上海股市的波动信息溢出对中国人寿、中国平安和中国太保的波动有明显的平抑作用。在影响力方面,沪、深两市对中国人寿的波动溢出效应最大;对中国平安的波动溢出效应次之;对中国太保的波动影响则非常弱。

在对具体信息的反应方面,中国人寿与中国平安的股价波动存在明显的"杠杆效应"。中国太保则表现出了相反的波动,"好消息"会加大它的波动,"坏消息"却能降低它的波动,可能意味着投资者对其相对少见的"好消息"往往会反应过度,而对频繁出现的"坏消息"却具有较强的承受能力。

三支保险股之间存在明显的波动溢出效应,中国人寿和中国太保对中国平安存在显著的正向波动溢出效应;中国平安和中国太保的波动也会加剧中国人寿的股价波动,不过中国平安的影响相对较强;中国人寿和中国平安对中国太保的波动溢出效应较小。

"四万亿"财政刺激计划显著地提升了沪、深两市及三支保险股的收益率,降低了三支保险股的波动幅度。

第 *12* 章

上市保险公司年度业绩预告的信息效应研究

12.1 引言

2007年我国三大保险巨头"中国人寿""中国平安""中国太保"成功会师A股,揭开了保险公司筹资多元化的序幕,提升了保险业在资本市场上的地位与作用,开创了我国保险业发展的新时代。上市后,作为一种公众公司,保险公司不仅应定期向监管部门提供可靠的信息,更应及时向投资者、被保险人及社会公众提供公正、有效的信息,帮助其及时了解公司的财务变化、经营状况,以做出正确的投资决策。信息披露既是上市保险公司必须履行的一项强制性义务,也是其接受公众监督,方便外部投资者了解公司内部情况,保障投资者利益的一种制度安排。

业绩预告是上市公司强制性信息披露的重要内容之一,业绩预告能有效降低投资者和公司管理层之间的信息不对称程度,便于投资者及时判断股票的投资价值,提前释放业绩风险,减少报表公布日的股价波动。随着我国保险业的快速发展和证券市场的日趋成熟,上市保险公司的信息披露对投资者的决策起着越来越重要的作用。信息使用者对上市保险公司披露信息的质量也提出了越来越高的要求,业绩预告的信息质量主要表现为信息含量与披露公正性。证券市场对上市公司的业绩预告会做出反应,股票超额收益的存在及其强弱可以刻画市场反应的大小，揭示业绩预告的信息含量与披露的公正性。

现有文献多研究整体市场对业绩预告的反应，测度上市公司整体业绩预告的信息含量与披露公正性，很少关注单个行业、数支股票对业绩预告的反应。但以单个行业、数支股票为对象的研究深入具体的行业，更具有针对性，能避免结论的空泛。方红星和孙翯（2009）以中国人寿和中国平安两家公司为例，分析了上市保险公司信息披露的市场反应；魏锋和薛飞（2010）以三家上市保险公司股价对新《保险法》公布的反映测度了该事件的市场效应。数支股票的样本属于"窄而长"的数据类型，尽管观察对象较少，但观察期较长，样本容量与结论的稳健性都有可靠的保证。本书以超额收益率为指标测度三家上市保险公司的股价对各自年度业绩预告的反应，进而揭示保险公司业绩预告的信息含量与披露公正性，刻画业绩预告质量的动态时变性。可以预见，随着产业结构的升级转型，我国经济将对保险业发展提出更高的要求，上市融资已成为保险公司增强资本实力，加速发展的重要途径。研究现有上市保险公司业绩预告的信息效应，对后续保险公司的顺利上市，对整体保险业的长期健康发展都具有重要的意义。

12.2 文献综述

上市公司业绩预告的信息含量与披露公正性，最终都会通过股票超额收益率（abnormal return）体现出来，藉由超额收益率研究业绩预告的信息效应已有很长的历史。早在1968年Ball和Brown就通过对比信息披露前后的超额收益率测度了业绩预告的信息含量。Penman（1980）、Waymire（1984）等研究了业绩预告与股价间的关系，发现业绩预告具有信息含量。Kasznik（1995）发现业绩预警公司的股价会遭受市场的消极反应。Coller等（1997）认为业绩预告能减轻信息不对称程度。Admati等（1988）揭示业绩预告有助于减少选择性信息披露与内幕交易，降低股价的波动性。Straser（2002）发现公平的信息披露有利于遏制内幕交易。由于运用历史较长，超额收益率分析法已很成熟，但在保险会计研究中仍具有较高的方法论价值。

随着证券市场的发展，我国学者也开始广泛运用超额收益率研究上市公司业绩预告的信息效应。王惠芳（2009）发现，我国上市公司业绩预告制度的整体实施效果良好，但也存在披露内容缺乏信息含量的问题。姚秋和刘聪（2009）认为，业绩预告对超额收益率有显著影响，能削弱财务报告信息的利空、利好效应。王振山、杨柔佳和李玉兰（2010），罗玫和宋云玲（2012）的实证研究表明，我国股价对业绩预告信息有显著的反应，业绩预告和业绩修正公告都有显著的信息含量。当然，也有学者认为我国上市公司业绩预告制度的实施效果有限。杨萍（2010）指出，我国上市公司业绩预告的精确性在增强，但及时性在减弱，准确性也没有得到明显提高。杨书杯（2012）的研究表明，《上市公司信息披露管理办法》的颁布仅在当年发挥了短期作用，总体效果并不明显，信息泄露程度呈先降后升的趋势，内幕交易依然存在。宋云玲、李志文和纪新伟（2011）发现，业绩预告违规的处罚并没有降低后续业绩预告违规的概率，监管处罚的效果并不理想。现有文献表明，通过超额收益率揭示股价对业绩预告的反映，能测度出业绩预告的信息含量和信息披露的公正性。

随着保险公司的上市，近年来国内学术界陆续出现了一些专门研究上市保险公司信息披露的文献。侯旭华（2007）认为，上市保险公司信息披露的质量要求主要包括信息的透明性和决策的有用性，建议规范上市保险公司的信息披露。陈辉（2007）发现，信息披露将促使投保人关注保险人的风险暴露，有助于降低保险经营的风险。方红星和孙嚣（2009）的实证研究表明，我国交叉上市保险公司能按照证券交易所的规定披露内部控制信息，披露信息的详细程度与质量符合交易所与监管机构的标准，信息披露降低了股票的累计超额收益率。现有研究上市保险公司信息披露的文献多以定性分析为主，理论分析透彻，但经验证据不足。本书将利用超额收益率研究三大保险公司业绩预告的信息效应，力图揭示其业绩预告的信息含量、披露的公正性和信息质量的进步性，以期能对未来保险公司的上市、监管者提高监管效率、投资者提高决策的准确性能有所助益。

12.3 样本选择与研究方法

12.3.1 业绩预告与数据来源

自 2007 年登陆 A 股以来,"中国人寿"共发布了 6 次年度业绩预告,但其首次年度业绩预告的公告日为 2007 年 1 月 30 日,距离其登陆 A 股仅 15 个交易日,不适合进行统计分析,因而本书仅分析其后 5 次年度业绩预告的信息效应。"中国平安"共发布了 3 次年度业绩预告,但其首次年度业绩预告发布于 2007 年 3 月 15 日,距离其登陆 A 股仅 10 个交易日,也不适合进行统计分析,因而本书仅分析其后 2 次年度业绩预告的信息效应。"中国太保"也发布了 3 次年度业绩预告,但其首次年度业绩公告日为 2008 年 1 月 25 日,距离其登陆 A 股仅 21 个交易日,也不适合进行统计分析,因而本书也仅分析其后 2 次年度业绩预告的信息效应。三大保险公司年度业绩预告的原始数据均来自"证券之星"网站(http://stock.quote.stockstar.com),具体信息见表 12-1。三大保险股的股价、上证指数均来自"锐思金融数据库"(http://www.resset.cn)。

表 12-1　2007 年以来三家上市保险公司的年度业绩预告情况

公司名称	预告次数	预告周期	预告类型	公告日期
中国人寿	1	2007 - 12 - 31	业绩大幅上升	2008 - 01 - 30
	2	2008 - 12 - 31	业绩大幅下降	2009 - 01 - 21
	3	2009 - 12 - 31	业绩大幅上升	2010 - 03 - 09
	4	2011 - 12 - 31	下降小于 50%	2012 - 03 - 07
	5	2012 - 12 - 31	下降小于 50%	2013 - 03 - 01
中国平安	1	2007 - 12 - 31	业绩大幅上升	2008 - 01 - 29
	2	2009 - 12 - 31	业绩大幅上升	2010 - 01 - 30
中国太保	1	2008 - 12 - 31	业绩大幅下降	2009 - 01 - 23
	2	2009 - 12 - 31	业绩大幅上升	2010 - 01 - 30

12.3.2 样本与事件期的选择

检验上市公司业绩预告信息效应最有效的方法是"事件研究法"（张宗新等，2007）。事件研究法通过考察研究对象在信息公告日前后，即事件发生前后某个特定的研究窗口中，平均或累计超额收益率偏离 0 的程度来判断事件的影响，测度市场对该信息的反应，揭示业绩预告的信息含量。

事件研究法需要确定事件发生日、选定事件窗口、选取估计窗口来估计业绩预告公司股票的正常收益率，计算出事件窗口期内的超额收益率，并藉此分析事件，即年度业绩预告对股票价格的影响。本书将业绩预告公告日确定为事件发生日，将公告事件窗口设定为 [-10, 10]，公告日当天为第 0 天，共 21 天。由于较之个股，大盘具有更强的稳定性，本书采取剔除个股停牌日上证指数的办法保证数据的时间一致性，将估计窗口设定为 [-180, -30]，共 151 天。

12.3.3 信息含量检验模型与方法

本书用超额收益率来揭示上市保险公司年度业绩预告的信息效应，测度业绩预告对股价的影响。股票超额收益率的计算方法通常有 3 种：均值调整法、市场调整法和风险调整法。本书采用风险调整法，用 CAPM 模型估计正常条件下的股票期望收益率 $E(R_{it})$ 或 $\overline{R_{it}}$。首先对 α，β 进行估计，估计 α，β 的模型为：

$$R_{it} = \alpha_i + \beta_i R_{mt} + \varepsilon_{it}, \varepsilon_{it} \sim N(0, \sigma^2) \tag{12-1}$$

其中，R_{it} 为第 i 支股票第 t 日的收益率；R_{mt} 为第 t 日市场证券组合的收益率，此处为上证指数收益率；R_{it} 和 R_{mt} 均为对数收益率，通过 $R_t = \ln\left(\dfrac{P_t}{P_{t-1}}\right)$ 计算获得。α_i 为第 i 支股票的 α 估计值；β_i 为第 i 支股票的 β 估计值；ε_{it} 为随机误差项。

第 i 支股票第 t 日的超额收益率 AR_{it} 的计算公式为：

$$AR_{it} = R_{it} - E(R_{it}) \tag{12-2}$$

事件研究法用 t 检验来判别平均超额收益率 $\overline{AR}$ 是否为 0，以测度业绩预告的信息含量，检验统计量为 $T_{\overline{AR_i}} = \dfrac{\overline{AR_i} - 0}{S_i / \sqrt{(20)}}$，$S$ 是窗口期内超额收益率的标准差。

个股累积超额收益率的计算公式为：

$$CAR_i = \sum_{t=-10}^{10} AR_{it}, t \in [-10, 10] \qquad (12-3)$$

显然，CAR_i 只是窗口期内每日超额收益率 AR_{it} 的简单累积加总。

由于超额收益率在公告日前后往往呈反方向变化，正负抵消效应将使 t 检验无法拒绝平均超额收益率 $\overline{AR} = 0$ 的原假设。为此，本书引入邹断点检验（Chow breakpoint test）来检验公告日前后三支保险股超额收益率的变化，检验方程为：$AR_i = \alpha + \beta t$，断点日期为公告日后的第一天。同时引入拐点检验（jump point test）来检验公告日前后三支保险股超额收益率的"突变性"，检验方程为：$AR_i = \alpha + \beta t + \gamma(\text{dummy} * t)$，检验的原假设为 $\gamma = 0$。此处 $t \in [-10, 10]$，$\text{dummy} = \begin{cases} 0, t < 0 \\ 1, t \geq 0 \end{cases}$，i 代表各家公司。

12.3.4 信息披露公正性检验模型与方法

为检验三家保险公司年度业绩预告信息披露的公正性需构建两个指标，分别用来判断是否存在信息泄露和测度信息泄露的程度。

信息泄露存在性指标：$\dfrac{CAR_i[-10, -1]}{\max CAR_i}$，即公告日前的累积超额收益率占绝对值最大的累积超额收益率的比重。这里的 max 代表选择绝对值最大的 CAR，而非数值最大的 CAR，不取绝对值意在保持原数据的符号；$CAR_i[-10, -1]$ 是公告日前的累积超额收益率，$[-10, -1]$ 代表时间区间。该比值旨在测度股价总波动中发生在公告日之前的比例，测度与"好消息"关联的上涨有多大比重涨在公告日之前，与"坏消息"关联的下跌有多大比重跌在公告日之前。在 $CAR_i[-10, -1]$ 与 $\max CAR_i$ 符号相同的条件下，该比值越大，存在内幕交易的可能

第12章　上市保险公司年度业绩预告的信息效应研究

性越大，信息披露越缺乏公正性。

判断是否存在信息泄露的指标 $\frac{CAR_i[-10,-1]}{maxCAR_i}$，只有在 $CAR_i[-10,-1]$ 与 $maxCAR_i$ 符号相同时才有统计意义，才是存在信息泄露的有力证据。如果绝对值最大的 CAR_i，即 $maxCAR_i$ 也出现在 $[-10,-1]$ 区间，且与 $CAR_i[-10,-1]$ 同号，则判断为存在信息泄露。如 $maxCAR_i$ 出现在 $[0,10]$ 区间，业绩预告类型属于"好消息"，只要 $CAR_i[-10,-1]$ 的符号为正即可判断为存在信息泄露，$CAR_i[-10,-1]$ 的符号为负号则无法判断。同理，如 $maxCAR_i$ 出现在 $[0,10]$ 区间，业绩预告类型属于"坏消息"，只要 $CAR_i[-10,-1]$ 的符号为负即可判断为存在信息泄露，$CAR_i[-10,-1]$ 的符号为正则无法判断。现有文献很少强调 $CAR_i[-10,-1]$ 与 $maxCAR_i$ 符号相同的重要性，这是因为基于整个市场的分析重在把握市场整体态势，个股累积超额收益率的符号异常问题将"淹没"于整体之中，不会影响整体结论的正确性。

信息泄露程度指标：

$$leakage_i = \begin{cases} 0, & if \ \frac{preCAR_i}{totalCAR_i} \leq 0 \\ \frac{preCAR_i}{totalCAR_i}, & if \ 0 \leq \frac{preCAR_i}{totalCAR_i} \leq 1 \\ 1, & if \ \frac{preCAR_i}{totalCAR_i} \geq 1 \end{cases} \quad (12-4)$$

其中，$leakage_i$ 为股票 i 的信息泄露程度；$preCAR_i = \prod_{t=-10}^{-1}(1+AR_{i,t})-1$ 是业绩预告公告前的累积超额收益率；$totalCAR_i = \prod_{t=-10}^{+10}(1+AR_{i,t})-1$ 是整个窗口期内的累积超额收益率。信息泄露程度 $leakage_i$ 越小，表明信息披露越公正。当无信息泄露时，$leakage_i$ 为 0；当信息完全泄露时，$leakage_i$ 为 1。

12.4 实证结果及分析

12.4.1 超额收益率

直观地，通过观察每家公司每次年度业绩预告前后超额收益率的变化可以初步判断业绩预告的信息含量。

（1）中国人寿。

如图 12-1 所示，AR1 对应于 2007 年"业绩大幅上升"的预告，AR 呈现出公告前波动上升，公告后波动下降的趋势。AR2 对应于 2008 年"业绩大幅下降"的预告，公告前 AR 持续波动下降，公告后出现短暂的上升，随后又持续下降。AR3 对应于 2009 年"业绩大幅上升"的预告，公告前 AR 持续下降，公告当日暴发上涨，随后持续下降。AR4 对应于 2011 年"下降小于 50%"的预告，公告前 AR 持续下降，但"利空除净是利多"，公告后 AR 虽然整体上仍在下降，但降幅已明显收窄，间或还出现了几次正的超额收益。AR5 对应于 2012 年"下降小于 50%"的预告，公告日前 AR 持续稳步下降，公告日当天暴跌，随后虽然整体上仍在下跌，但跌幅明显收窄，偶尔也有正的超额收益。综合来看，年度业绩预告公告前后股票超额收益率 AR 变化明显，中国人寿年度业绩预告有信息含量。

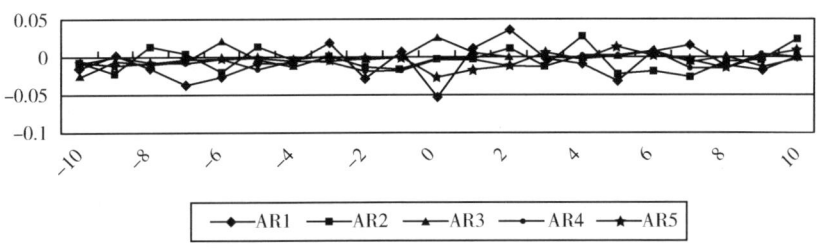

图 12-1 中国人寿五次年度业绩预告前后的 AR 走势

(2) 中国平安。

图 12 - 2 显示,尽管 AR1 和 AR2 分别对应于中国平安 2007 年和 2009 年"业绩大幅上升"的预告,但两次好消息的披露并没有导致相同的 AR 走势。AR1 发生于 2007 年股市狂热后的大盘下降区间,公告日前 6 天,中国平安的超额收益率便开始掉头向上;公告日前 1 天,AR 受到了短暂的打压;公告当天及此后 3 天,AR 连续攀升,随后进入常态波动区间。AR2 发生于中国平安股价历经 3 年下跌的 2010 年,尽管年度业绩预告属于好消息,但 AR 走势在公告日前后并无显著变化,表明市场上"看多"和"看空"中国平安的力量势均力敌,直接表现为中国平安股价的不温不火,尽管在公告日前后出现过短暂的暴涨、暴跌走势。综合来看,中国平安的年度业绩预告有信息含量,但其 AR 的走势表明信息含量有限。

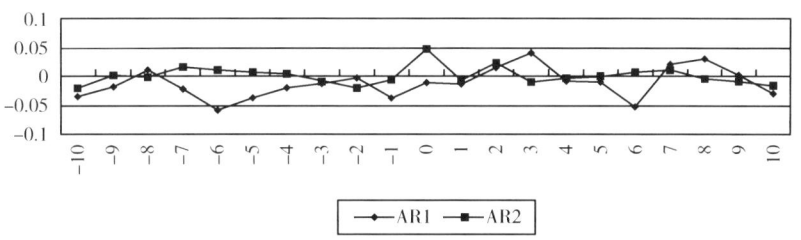

图 12 - 2　中国平安两次年度业绩预告前后的 AR 走势

(3) 中国太保。

如图 12 - 3 所示,AR1 和 AR2 分别对应于中国太保 2008 年"业绩大幅下降"和 2009 年"业绩大幅上升"的预告。AR1 在公告日前处于大幅波动之中,反映市场多空双方对中国太保的看法很不统一。公告日前 2 天,AR1 的波幅明显收窄,出现一波持续上涨的行情,到公告日后第 4 天重新下跌,但波幅收窄,表明利空除净后,投资者对中国太保的评价趋于统一。AR1 在公告日前后持续 6 天的上涨说明,中国太保"业绩大幅下降"的"大幅"显然还没有大到超出投资者的意料。AR2 对应着好消息,其走势表明自公告日前 5 天开始便有一股市场力量在打压中国太保的股价,公告日前 2 天 AR 开始迅猛上升,公告当天涨至最高点,随后开始波动整理。综合来看,中国太保的年度业绩预告是有信息含量的,但其两次 AR 走势显示出存在信息泄露的可能，AR 的两次逆转上升都发生在公告日前 2 天更加重了这一嫌疑。

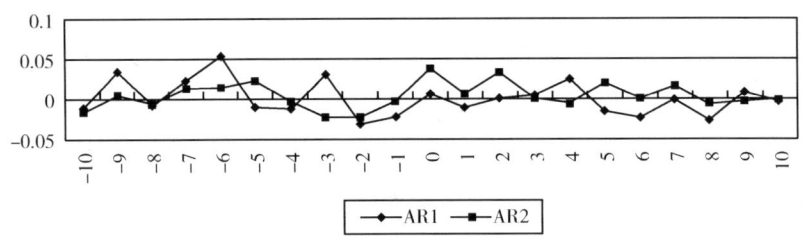

图 12 - 3　中国太保 2 次年度业绩预告前后的 AR 走势

（4）超额收益率的"突变性"检验。

对业绩预告信息效应的研究旨在考察信息披露的信号传递效应，探讨信息是否会对投资者的决策产生影响，若投资者因该信息的获得而改变初始决策，说明信息披露具有信息含量，否则就不具有信息含量。邹断点检验和拐点检验是检验时间序列变量在某一时点处是否发生"突变"的可靠方法，此处引入这两种检验方法来检验各公司年度业绩预告公告日前后其 AR 是否发生了"突变"。

表 12 - 2 显示，在 10% 的显著性水平下，仅中国人寿第一、第四和第五次及中国平安第一次业绩预告平均超额收益率的 t 统计量 $T_{\overline{AR}}$ 显著不等于 0。在 5% 的显著性水平下，仅中国人寿第三次业绩预告所对应的 AR 存在公告日拐点效应。表 12 - 2 还说明，现有文献常用的事件窗口期内平均超额收益率的 t 检验并不适用于个股分析；邹断点检验和拐点检验也不支持公告日存在拐点效应的假设。

表 12 - 2　　　　　　超额收益率的信息含量检验

公司名称	预告次数	信息类型	$T_{\overline{AR}}$	邹断点检验	拐点检验
中国人寿	1	好消息	-1.7890* (0.0888)	1.5779 (0.2352)	-0.3105 (0.7598)
中国人寿	2	坏消息	-1.2416 (0.2287)	0.0201 (0.9801)	0.0898 (0.9294)
中国人寿	3	好消息	0.5980 (0.5566)	3.7765** (0.0439)	-2.6921** (0.0149)

续表

公司名称	预告次数	信息类型	$T_{\overline{AR}}$	邹断点检验	拐点检验
中国人寿	4	坏消息	-4.0338** (0.0007)	0.8353 (0.4508)	1.0409 (0.3117)
中国人寿	5	坏消息	-2.5980** (0.0172)	0.8717 (0.4361)	1.3464 (0.1949)
中国平安	1	好消息	-2.0084* (0.0583)	0.8216 (0.4565)	-0.3395 (0.7382)
中国平安	2	好消息	0.4967 (0.6248)	0.9924 (0.3912)	-1.4134 (0.1746)
中国太保	1	坏消息	0.2711 (0.7891)	0.2198 (0.8049)	0.5778 (0.5706)
中国太保	2	好消息	1.2953 (0.2100)	0.7356 (0.4938)	-1.0682 (0.2995)

12.4.2 累积超额收益率的变化趋势

(1) 中国人寿。

中国人寿五次年度业绩预告所对应的累积超额收益率，除第三次因公告而由负转正外，其他四次均呈累积下降趋势。其第一次预告属于好消息，预告公告后 CAR1 由快速下降转为平稳下降，说明尽管其业绩较好，但看空的力量依然强大；第二次业绩预告几乎没有改变 CAR2 的下降趋势，说明"坏消息"早在公告前即已被市场消化；相对于第二次业绩预告，第四次业绩预告对 CAR4 的影响更小，窗口期内 CAR4 的下降十分稳定；第五次业绩预告仅在两种下降平台之间起了一个转换的作用，前期的温和下降转换为后期更平稳的下降。累积超额收益率的变化轨迹表明，市场对中国人寿业绩预告"坏消息"的反应基本一致，而对"好消息"则有不同的反应。在"坏消息"披露之前，累积超额收益率已开始下降，利空除净后 CAR 的下降转趋平缓。"好消息"在公告日前后会导致 CAR 走势的逆转，但逆转的可持续性则依赖于外部市场环境。

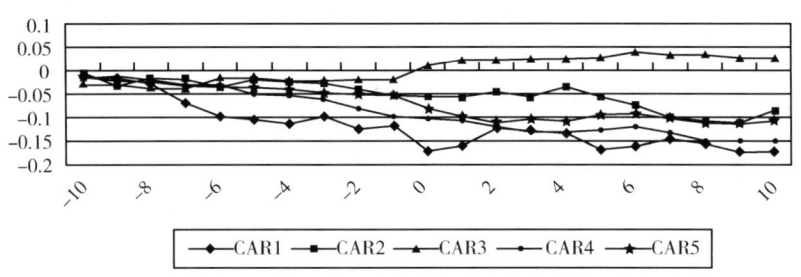

图 12-4 中国人寿五次年度业绩预告前后的 CAR 走势

(2) 中国平安。

图 12-5 中中国平安两次业绩预告所对应的 CAR1 和 CAR2，与图 12-4 中中国人寿的 CAR1 和 CAR3 的预告周期相同，预告类型相同，两者的变化轨迹也基本一致。第一次业绩预告后，CAR1 由快速下降转为温和稳步下降；第二次业绩预告后，CAR2 由稳定温和上涨转换为快速上涨，业绩公告日起到了转换枢纽的作用。与中国人寿两次业绩预告的"好消息"类似，市场似乎早已预料到中国平安第一次预告属于"好消息"，累积超额收益率在公告日前后几乎无变化。第二次业绩预告则在两类上升平台之间起到了转换枢纽的作用。

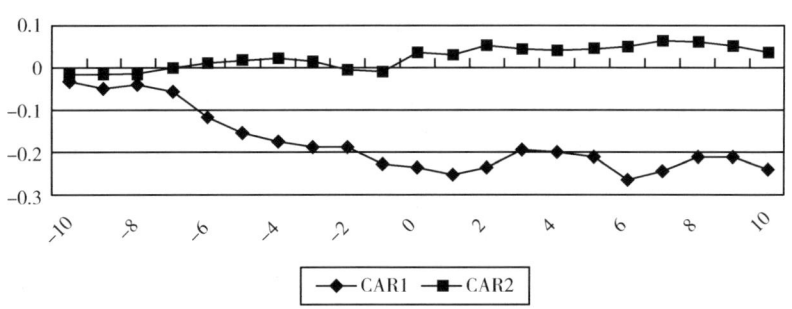

图 12-5 中国平安两次年度业绩预告前后的 CAR 走势

(3) 中国太保。

图 12-6 显示，中国太保两次业绩预告所对应的累积超额收益率完全不同于中国人寿与中国平安，CAR1 和 CAR2 曲线基本上都位于横轴以上，尽管其第一次业绩预告属于"坏消息"。第一次业绩预告后，CAR1 由前期的波动上升转换为后期的温和下降，但始终大于 0；第二次业绩预告后，CAR2 由前期的振荡波

动转换为后期的平稳上升,公告日成了转换的枢纽。

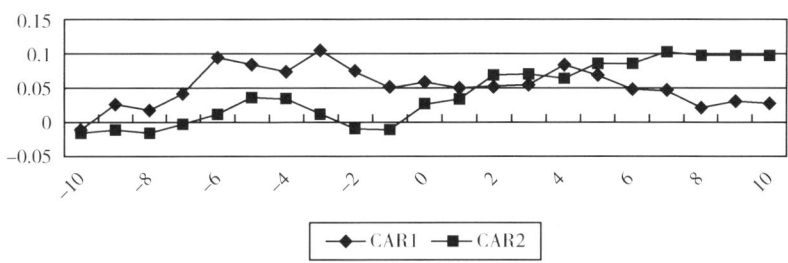

图 12-6 中国太保两次年度业绩预告前后的 CAR 走势

(4) 累积超额收益率的"突变性"检验。

为检验业绩预告的信息含量,特引入邹断点检验与拐点突变检验,以判断 CAR 在公告日前后是否发生突变,即业绩预告信息是否改变了投资者的决策,检验结果见表 12-3。

表 12-3　　　　　　　　累积超额收益率的断点检验

公司名称	预告次数	信息类型	邹断点检验	拐点检验
中国人寿	1	好消息	11.2088*** (0.0008)	4.1744*** (0.0000)
中国人寿	2	坏消息	1.8521 (0.1872)	-1.5111 (0.1481)
中国人寿	3	好消息	8.8033*** (0.0024)	-0.5362 (0.5984)
中国人寿	4	坏消息	15.2167*** (0.0002)	5.1306*** (0.0001)
中国人寿	5	坏消息	21.2573*** (0.0000)	2.3326** (0.0315)
中国平安	1	好消息	28.1266*** (0.0000)	7.3611*** (0.0000)
中国平安	2	好消息	1.7827 (0.1982)	-0.7747 (0.4486)
中国太保	1	坏消息	5.9888** (0.0107)	-3.3260*** (0.0038)
中国太保	2	好消息	3.8426** (0.0420)	1.7172 (0.1031)

累积超额收益率 CAR 的邹断点检验支持中国人寿第一、第三、第四和第五次业绩预告有显著的信息含量，而其第二次业绩预告缺乏信息含量，这与图12-4 中 CAR 的走势相符。邹断点检验支持中国平安第一次业绩预告，中国太保的两次业绩预告有信息含量。拐点检验支持中国人寿第一、第四和第五次业绩预告有信息含量；中国平安和中国太保的第一次业绩预告有信息含量。综合来看，两种检验方法都显示中国人寿和中国平安的第二次业绩预告缺乏信息含量。中国人寿业绩预告的信息含量有逐年提高的趋势，而中国平安和中国太保则因为预告次数过少，尚无明显的变化趋势。

12.4.3 信息泄露测度

由于判断是否存在信息泄露的指标 $\dfrac{\text{CAR}[-10,-1]}{\text{maxCAR}}$ 和测度信息泄露程度的指标 $\text{leakage}=\dfrac{\text{preCAR}_i}{\text{totalCAR}_i}$ 都依赖于两个变量的比值，变量符号的不同及绝对值最大的 CAR，即 maxCAR 出现时点的不同将影响指标的意义。因此，表12-4 在给出这两个指标取值的同时也给出了其各自对应变量的取值及 maxCAR 出现的时点，以确保指标具有经济意义，提高判别的准确性。

如表12-4 所示，当业绩预告类型属于"好消息"时，判断信息泄露存在性及程度大小的两个指标：$\dfrac{\text{CAR}(-10,-1)}{\text{maxCAR}}$ 和 leakage 都很难解释。中国人寿和中国平安的第一次业绩预告都属于"好消息"，但 CAR(-10,-1)、maxCAR、pre.R 和 total.R 均为负值，使这两个指标失去了经济意义。中国人寿的第三次、中国平安的第二次和中国太保的第二次业绩预告也都属于"好消息"，这两个指标都不支持信息泄露的存在。当业绩预告类型属于"坏消息"时，这两个指标都表明中国人寿的业绩预告存在不同程度的信息泄露，而中国太保的统计指标则不具有经济意义。

表 12 – 4　　　　　　　　年度业绩预告信息泄露程度的测度

公司	预告次数及类型	CAR [-10, -1]	maxCAR 与时点	CAR [-10, -1] / maxCAR	preCAR	totalCAR	leakage
中国人寿	1（好消息）	-0.1162	-0.1731（+10）①	0.6714	-0.1116	-0.1008	1.0000②
中国人寿	2（坏消息）	-0.0542	-0.1121（+9）	0.4837	-0.0537	-0.0863	0.6220
中国人寿	3（好消息）	-0.0157	0.0421（+6）	0.0000③	-0.0162	0.0289	0.0000
中国人寿	4（坏消息）	-0.0996	-0.1502（+8）	0.6630	-0.0954	-0.1384	0.6890
中国人寿	5（坏消息）	-0.0520	-0.1120（+9）	0.4646	-0.0509	-0.1008	0.5047
中国平安	1（好消息）	-0.2250	-0.2612（+6）	0.8612	-0.2050	-0.2178	0.9414
中国平安	2（好消息）	-0.0122	0.0624（+7）	0.0000	-0.0129	0.0333	0.0000
中国太保	1（坏消息）	0.0533	0.1056（-3）	1.0000④	0.0509	0.0230	1.0000
中国太保	2（好消息）	-0.0115	0.1032（+7）	0.0000	-0.0126	0.0989	0.0000

注：①括号内为 maxCAR 出现的时点；②公告日前累积超常收益率绝对值远大于窗口期内累积超常收益率的绝对值，指标取值为 1；③分子分母异号，指标取值为 0；④maxCAR 出现于 [-10, -1] 区间，指标取值为 1。

表 12 – 4 还表明，当预告类型属于"好消息"时，在公告前市场一般不看好这三支保险股，公告后累积超额收益率会稍有上升。当预告类型属于"坏消息"时，中国人寿的投资者往往比较悲观，而中国太保的投资者则较为乐观，其股价不跌反涨。综合来看，中国人寿业绩预告的公正性在逐年提高，即信息泄露程度在逐年下降，中国平安和中国太保的信息泄露程度也呈现出下降的趋势。

12.5 结论与启示

基于事件研究法，本书用超额收益率分析了我国三家上市保险公司：中国人寿、中国平安和中国太保年度业绩预告的信息含量，测度了三家保险公司业绩预告的公正性，揭示了三家保险公司年度业绩预告信息质量的动态时变性。

超额收益率的变化表明，三家上市保险公司的业绩预告都有信息含量，超额收益率在公告日前后均发生了显著变化，但三家保险公司业绩预告的信息含量并没有随着披露次数的增加而逐年提高，部分年份还存在信息泄露的可能。断点检验和拐点检验显示三家保险公司的业绩预告并非总有信息含量，表明业绩预告的信息含量并没有显著到能被这两种检验测度出来的程度。

累积超额收益率的变化表明，除 2007 年外，"好消息"的披露往往会导致累积超额收益率的逆转上升；"坏消息"披露之前，累积超额收益率往往已开始下降，但"坏消息"披露后，累积超额收益率的下降会趋于平缓；公告日常充当两个变化平台间的转换枢纽。邹断点检验和拐点检验表明，三家保险公司的业绩预告都有信息含量，投资者往往会在公告日后改变投资决策。中国人寿业绩预告的信息含量有逐年提高的趋势，中国平安和中国太保则没有表现出明显的趋势性。

信息披露公正性的检验表明，当业绩预告属于"好消息"时，一般都不存在信息的提前泄露，但当业绩预告属于"坏消息"时，一般会存在不同程度的信息泄露，这与 Engle 和 Ng（1993）的结论相符。测度信息泄露程度的指标还显示，在"好消息"公告前，市场往往并不看好这三支保险股，公告只会小幅度提升股价；在"坏消息"公告前，保险股一般会面临较大的卖压，但卖压在公告后会迅速减弱。三家保险公司业绩预告的信息泄露程度都呈现出了逐年下降的趋势，尽管中国平安和中国太保的趋势性并不十分明显。

基于以上结论，证券监管部门应督促上市保险公司严格遵守《办法》，明确信息披露质量的评价标准，使上市公司有规可依。对业绩预告信息披露不规范或不详尽的公司，应及时提出整改建议，评估整改结果，帮助投资者获得更公允的信息。保险监管部门则应结合行业特点对业绩预告提供指导，出台对应的解释性文件，扭转上市保险公司以保费收入预告替代业绩预告的倾向，防止业绩预告信息的提前泄露，杜绝内幕交易，保护中小投资者。

参 考 文 献

[1] 赵华. 时间序列数据分析：R 软件应用 [M]. 清华大学出版社，2016.

[2] 许启发，蒋翠侠. R 软件及其在金融定量分析中的应用 [M]. 清华大学出版社，2015.

[3] Ruey S. Tsay. 金融时间序列分析 [M]. 人民邮电出版社，2012.

[4] 许启发，张世英，XUQi – fa，等. Box – Cox – SV 模型及其对金融时间序列刻画能力研究 [J]. 系统工程学报，2005，20（4）：359 – 366.

[5] 朱明. 基于 GARCH 模型的沪深两市收益率波动分阶段研究 [D]. 武汉科技大学，2007.

[6] 刘扬. 基于 GARCH 模型的我国上市保险公司股票波动研究 [J]. 保险职业学院学报，2010，24（6）：24 – 27.

[7] 郑伟. 2011 年中国保险业回眸与思考 [N]. 中国保险报，2012 – 01 – 10.

[8] 陈权宝，聂锐. 我国保险费收入预测模型的选择 [J]. 统计与决策，2005，(17)：18 – 19.

[9] 梁来存，皮友静. 我国保费收入的 ARIMA 模型与预测 [J]. 统计与决策，2006，(7)：25 – 26.

[10] 张云，高垒. 基于乘积季节模型的我国保费收入的预测研究 [J]. 金融经济（湖南），2009，(7)：95 – 96.

[11] 付宇涵. 基于 ARIMA 模型的我国财产险保费收入的预测研究 [J]. 统计教育，2010，(10)：52 – 55.

[12] 董海峰. 基于 Hot Winters 模型对中国人身险"十二五"期间保费收入

预测分析 [J]. 中国保险, 2010, (9): 16-18.

[13] 高春玲. 时间序列分解模型在寿险保费收入预测的应用 [J]. 北方经贸, 2010, (6): 88-89.

[14] 孙景云, 田丽娜, 李碧琦, 刘玉胜. 我国保险公司保费收入的时间序列预测 [J]. 甘肃科学学报, 2011, (4): 143-147.

[15] 赵长利, 陈海泳. 我国保险业保费收入灰色预测模型研究 [J]. 统计与决策, 2006, (12): 11-13.

[16] 徐亮亮, 梁改革, 王加加. GM (1, 1) 模型在保费收入预测上的应用 [J]. 现代商贸工业, 2010, 22 (11): 24-24.

[17] George Foster. Accounting Earnings and Stock Prices of Insurance Companies. The Accounting Review. Vol. 50, No. 4, Oct., 1975, 686-698.

[18] George W. Fenn, Rebel A. Cole. Announcements of Asset-Quality Problems and Contagion Effects in the Life Insurance Industry, Journal of Financial Economics, Vol. 35, No. 2, Apr. 1994, 181-198.

[19] Cheng F. Lee and Stephen W. Forbes. Dividend Policy, Equity Value, and Cost of Capital Estimates for the Property and Liability Insurance Industry. Journal of Risk and Insurance, Vol. 47, No. 2, Jun., 1980, 205-222.

[20] Aigbe Akhigbe, Stephen F. Borde, Jeft Madura. Valuation Effects of Insurers' Security Offerings. Journal of Risk and Insurance, Vol. 64, No. 1, March 1997, 123-146.

[21] Samuel H. Cox, Robert G. Schwebach. Insurance Futures and Hedging Insurance Price Risk, Journal of Risk and Insurance, Vol. 59, No. 4, Dec., 1992, 628-644.

[22] Shaun S. Wang. A Class of Distortion Operators for Pricing Financial and Insurance Risks, Journal of Risk and Insurance, Vol. 67, No. 1, Mar., 2000, 15-36.

[23] 余海丰, 曲迎波. 上市财险公司股价波动风险及其防范 [J]. 南方金融, 2007, (2): 60-63.

[24] 孙祁祥, 郑伟, 肖志光. 保险业与美国金融危机: 角色及反思 [J]. 保险研究, 2008, (11): 104-110.

[25] 李娅, 张倩. AIG 被接管对我国保险业的警示 [J]. 保险研究, 2008, (11): 111-115.

[26] 杨霞. 保险业在国家金融稳定中的作用 [J]. 保险研究, 2010, (2): 31-36.

[27] 樊联社. 浅谈保险业与金融稳定 [J]. 西部金融, 2010, (2): 47-48.

[28] 魏锋, 薛飞新.《保险法》公布事件的市场效应与经济后果 [J]. 保险研究, 2010, (1): 20-26.

[29] 盛虎, 王学. 我国保险投资对保险公司收益的影响研究 [J]. 金融理论与实践, 2010, (2): 97-100.

[30] 李捷. 上市保险公司股价和经营业绩相关性研究 [J]. 时代金融, 2010, (8): 50-51.

[31] 刘扬. 基于 GARCH 模型的我国保险类股票收益率波动研究 [J]. 中国商界, 2010, (7): 7-8, 16.

[32] Eun C. S. and Shim S. International Transmission of Stock Market Movement, Journal of Financial and Quantitative Analysis, 1989, 24 (2): 241-256.

[33] Hamao Y. R., Masulia R. W. and Ng V. K. Correlations in Price Changes and Volatility across International Stock Markets, the Review of Financial Studies, 1990, (3): 281-307.

[34] Martens M. and Poons S. Returns Synchronization and Daily Correlation Dynamics between International Stock Markets, Journal of Banking & Finance, 2001, (25): 1805-1827.

[35] Miyashi T. Spillovers of Stock Return Volatility to Asian Equity Markets from Japan and the US, Journal of International Financial Markets, Institutions and Money, 2003, (13): 383-399.

[36] King M. and Wadhwani S. Transmission of Volatility between Stock Markets, the Review of Financial Studies, 1990, 3 (1): 5-33.

[37] Bong-Soo Lee, Oliver Rui and Steven Shuye Wang. Information Transmission between the NASDAQ and Asian Second Board Markets. Journal of Banking & Finance, 2004, (28): 1637-1670.

[38] 赵留彦, 王一鸣. A、B股之间的信息流动与波动溢出 [J], 金融研究, 2003, (10): 37-52.

[39] 王群勇, 王国忠. 沪市A、B股市场间信息传递模式研究 [J], 现代财经, 2004, (6): 52-62.

[40] 刘金全, 崔畅. 中国沪深股市收益率和波动性的实证分析 [J], 经济学（季刊）, 2002, (7): 885-898.

[41] 汪素南, 潘云鹤. 美国股市与中国股市间溢出效应的实证研究 [J], 浙江大学学报（工学版）, 2004, 38 (11): 1341-1353.

[42] 张碧琼. 中国股票市场信息国际化：基于EGARCH模型的检验 [J], 国际金融研究, 2005, (5): 68-73.

[43] 谷耀, 陆丽娜. 沪、深、港股市信息溢出效应与动态相关性 [J], 数量经济技术经济研究, 2006, (8): 142-151.

[44] 董秀良, 曹凤岐. 国内外股市波动溢出效应 [J], 数理统计与管理, 2009 (6): 1091-1099.

[45] Bollerslev T. Generalized Autoregressive Conditional Hetroskedasticity, Journal of Econometrics, 1986, (31): 307-3271.

[46] Engle R. F. and Kroner K. F. Multivariate Simultaneous Generalized ARCH, Econometrica Theory, 1195, (2): 122-150.

[47] Ng Angela. Volatility Spillover Effects from Japan and the US to the Pacific Basin, Journal of International Money and Finance, 2000, (19): 207-2331.

[48] Nelson, Danie B. Conditional Heteroskasticity in Asset Returns: A New Approach. Econometrica, 1991, (59): 347-370.

[49] 侯旭华. 保险上市公司会计信息披露：基于"四性"的研究 [J]. 财经理论与实践, 2006, (11): 70-73.

[50] 宋璐, 陈金贤. 我国上市公司年报业绩预告对股价影响的实证研究

[J]. 商业研究, 2004, (19): 127 – 131.

[51] 丁方飞, 范丽. 我国机构投资者持股与上市公司信息披露质量——来自深市上市公司的证据 [J]. 软科学, 2009, (5): 18 – 23.

[52] 方红星, 孙蒿. 交叉上市保险公司内部控制信息披露及其市场反应——基于中国人寿和中国平安的经验研究 [J]. 财经问题研究, 2009, (8): 105 – 111.

[53] 魏锋, 薛飞. 新《保险法》公布事件的市场效应与经济后果——基于我国保险类上市公司的经验证据 [J]. 保险研究, 2010, (1): 20 – 26.

[54] 杨书怀. 上市公司年报业绩预告的信息含量分析——兼论《上市公司信息披露管理办法》的实施效果 [J]. 财贸研究, 2010, (5): 113 – 119.

[55] 杨书怀. 上市公司信息泄露减少了吗?——基于《上市公司信息披露管理办法》实施前后的比较 [J]. 财贸研究, 2012, (2): 143 – 150.

[56] 王惠芳. 上市公司业绩预告制度实施效果研究——基于深市上市公司年报业绩预告的经验证据 [J]. 审计与经济研究, 2009, (1): 108 – 112.

[57] 王振山, 杨柔佳, 李玉兰. 上市公司年度业绩预告的信息效应研究 [J]. 财经问题研究, 2010, (8): 50 – 58.

[58] 宋云玲, 罗玫. 业绩预告对中国股市有效性的影响——基于应计异象的实证检验 [J]. 清华大学学报（自然科学版）, 2010, 50 (12): 1963 – 1967.

[59] 宋云玲, 李志文, 纪新伟. 从业绩预告违规看中国证券监管的处罚效果 [J]. 金融研究, 2011, (6): 136 – 149.

[60] 李翔. 上市公司公告时间的选择对公告信息含量的影响 [J]. 金融发展研究, 2009, (10): 73 – 77.

[61] 吕长江, 肖成民. 民营上市公司所有权安排与掏空行为 [J], 管理世界, 2006, (10): 128 – 138.

[62] 潘越, 戴亦一. "知情效应"和"认同效应"研究——来自股价和交易量双重测度的市场证据 [J]. 会计研究, 2005, (2): 273 – 286.

[63] 侯旭华, 许闲. 保险会计信息披露制度的国际比较研究与启示 [J]. 保险研究, 2008, (4): 17 – 20.

[64] 陈辉. 信息披露与保险公司风险水平的关系研究 [J]. 上海金融,

2007, (5): 38-41.

[65] Adrian, T. and Brunnermeier, M. K. Covar [J]. American Economic Review, 2016, 106 (7): 1705-1741.

[66] Acharya, V. V., Pedersen, L. H., Philippon, T., and Richardson, M. P. Measuring Systemic Risk [R]. FRB of Cleveland Working Paper, 2010.

[67] Acharya V., R. Engle, and M. Richardson, Capital Shortfall: A New Approach to Ranking and Regulating Systemic Risks [J]. American Economic Review: Papers & Proceedings, 2012, 102 (3): 59-64.

[68] Brownlees, Christian T. and Engle, Robert F. SRISK: A Conditional Capital Shortfall Measure of Systemic Risk [R]. working paper, 2016.

[69] Christian T. Brownlees, Robert F. Engle. Volatility, Correlation and Tails for Systemic Risk Measurement [R]. NYU, working paper, 2012.

[70] Billio, M., Getmansky, M., Lo, A. W., and Pelizzon, L. Econometric Measures of Connectedness and Systemic Risk in the Finance and Insurance Sectors [J]. Journal of Financial Economics, 2012, 104 (3): 535-559.

[71] Huang, X., Zhou, H. & Zhu, H. Systemic Risk Contributions [J]. Journal of Financial Services Research, 2012, 42 (1): 55-83.

[72] Viral V. Acharya, Thomas Philippon, and Matthew Richardson. Measuring Systemic Risk for Financial Risk for Insurance Companies [R], working paper, 2016.

[73] Hua Chen, J. David Cummins, Krupa S. Viswanathan, and Mary A. Weiss. Systemic Risk and the Inter-Connectedness between Banks and Insurers: An Econometric Analysis [J]. The Journal of Risk and Insurance, 2013, 81 (3): 623-652.

[74] J. David Cummins and Mary A. Weiss. Systemic Risk and Regulation of the U. S. Insurance Industry [R]. working paper, 2013.

[75] J. David Cummins and Mary A. Weiss, Systemic and the U. S. Insurance Sector [J]. The Journal of Risk and Insurance, 2014, 81 (3): 489-527.

[76] Elia Berdin, Matteo Sottocornola. Assessing Systemic Risk of the European

Insurance Industry [R]. working paper, 2015.

[77] Andreas A. Jobst. Systemic Risk in the Insurance Sector: A Review of Current Assessment Approaches [J]. The Geneva Papers, 2014, (39): 440 – 470.

[78] The Geneva Association. Systemic Risk in Insurance – An analysis of insurance and financial stability [R]. working paper, 2010.

[79] Scaillet, O. Nonparametric Estimation Of Conditional Expected Shortfall [J]. Insurance and Risk management Journal, 2005, (74): 639 – 660.

[80] S. Benoit, G. Colletaz, C. Hurlin, C. Pérignony. A Theoretical and Empirical Comparison of Systemic Risk Measures [R]. University of Orleans, working paper, 2014.

[81] 卜林, 李政. 我国上市金融机构系统性风险溢出研究: 基于CoVaR和MES的比较分析 [J]. 当代财经, 2015, (6): 55 – 65.

[82] 王周伟, 吕思聪, 茆训诚. 基于风险溢出关联特征的CoVaR计算方法有效性比较及应用 [J]. 经济评论, 2014, (4): 148 – 190.

[83] 谢远涛, 蒋涛, 杨娟. 基于尾部依赖的保险业系统性风险度量 [J]. 系统工程论与实践, 2014, 34 (8): 1921 – 1931.

[84] 张琳, 何玉婷. 基于主成分分析的我国系统重要性保险公司研究 [J]. 保险研究, 2015, (12): 40 – 50.

[85] 赵桂芹, 吴洪. 保险体系的系统风险相关性评价: 一个国际视角 [J]. 保险研究, 2012, (9): 112 – 119.

[86] 郭金龙, 赵强. 保险业系统性风险文献综述 [J]. 保险研究, 2014, (6): 41 – 52.

[87] 谢志刚. 系统性风险与系统重要性: 共识和方向 [J]. 保险研究, 2016, (7): 25 – 34.

[88] 刘璐, 王春慧. 基于DCC – GARCH模型的中国保险业系统性风险研究 [J]. 宏观经济研究, 2016, (9): 90 – 99.

[89] 缪建民, 我国寿险行业系统性风险的评估、计量与防范 [J]. 2015, (7): 金融会计, 2016, (7): 5 – 16.

[90] 王丽珍. 中国保险业系统性风险再保险业务传染效应研究 [J]. 当代经济科学, 2015, 37 (5): 1-10.

[91] 袁薇, 王培辉. 保险公司系统性风险溢出效应研究——基于 DCC-GARCH-CoVaR 模型 [J]. 财会月刊, 2017, (5): 114-118.

[92] 林鸿灿, 刘通, 张培园. 保险机构系统性风险溢出效应的实证研究 [R]. 北大赛瑟 (CCISSR) 论坛文集, 2012.

[93] 范小云, 王道平, 方意. 我国金融机构的系统性风险贡献测度与监管 [J]. 南开经济研究, 2011, (4): 3-20.

[94] 许启发, 张金秀, 蒋翠侠. 基于非线性分位数回归模型的多期 VaR 风险测度 [J]. 中国管理科学, 2015, 23 (3): 57-65.

[95] 张蕊, 贺晓宇, 戚逸康. 极端市场条件下我国金融体系系统性风险度量 [J]. 统计研究, 2015, (9): 30-38.

[96] 梁琪, 李政, 郝项超. 我国系统重要性金融机构的识别与监管: 基于系统性风险指数 SRISK 方法的分析 [J]. 金融研究, 2013, (9): 56-70.

[97] 宋清华, 姜玉东. 中国上市银行系统性风险度量——基于 MES 方法的分析 [J]. 财经理论与实践, 2014, 35 (192): 2-7.

[98] 陈守东, 王妍. 我国金融机构的系统性金融风险评估: 基于极端分位数回归技术的风险度量 [J]. 中国管理科学, 2014, (7): 10-17.

[99] 沈悦, 戴士伟, 罗希. 中国金融业系统风险溢出效应研究: 基于 GARCH-Copula-CoVaR 的研究 [J]. 当代经济科学, 2014, 36 (6): 30-38.

[100] 蒋涛, 吴卫星, 王天, 沈涛. 金融业系统性风险度量: 基于尾部依赖视角 [J]. 系统工程理论与实践, 2014, (6) 40-47.

[101] 冯超, 谈颢阳. 我国商业银行系统性风险评估与实证研究——基于预期期望损失方法测度 [J]. 商业经济与管理, 2014, (12): 81-90.

[102] 刘晓星, 段斌, 谢福座. 股票市场风险溢出效应研究: 基于 EVT-Copula-CoVaR 模型的分析 [J]. 世界经济, 2011, (11): 145-159.

[103] 方意, 赵胜民, 王道平. 我国金融机构系统性风险测度: 基于 DCC-GARCH 模型的研究 [J]. 金融监管研究, 2012, (11): 26-42.

[104] 苏明政,张庆君. 关联性视阈下我国金融行业间系统性风险传染效应研究 [J]. 会计与经济研究,2015,29 (6):111-124.

[105] 王广龙,熊利平,王连猛. SRISK 系统性风险测算方法、结果及评述 [J]. 投资研究,2014,33 (4):63-73.

[106] 赵进文,韦文彬. 基于 MES 测度我国银行业系统性风险 [J]. 金融监管研究,2012,(8):28-40.

[107] Yaari, M. E. Uncertain Life time, Life Insurance, and the Theory of the Consumer [J]. Review of Economic Studies,1965,(32):137-150.

[108] Zietz, E. N. An Examination of the Demand for Life Insurance [J]. Risk Management and Insurance Review,2003,(6):159-191.

[109] Outreville J. F. Life Insurance Markets in Developing Countries [J], Journal of Risk and Insurance,1996,63 (2):263-278.

[110] 卓志. 我国人寿保险需求的实证分析 [J]. 保险研究,2001 (5):10-12.

[111] 吴江鸣,林宝清. 我国保险需求模型的实证分析 [J]. 福建论坛·经济社会科学版,2003 (10):26-30.

[112] 陈之楚,刘晓敬. 我国寿险需求决定因素分析 [J]. 保险研究,2004,(6):7-10.

[113] 栾存存. 我国保险业增长分析 [J]. 经济研究,2004,(1):25-32.

[114] 张博,薛伟贤. 影响人寿保险业需求的经济因素的实证分析 [J], 消费经济,2005,(10):13-17.

[115] 张芳洁. 影响我国保险业发展的经济因素的实证分析 [J], 数量经济技术经济研究,2005,(3):25-31.

[116] 杨柯,闵晓萍. 人寿保险需求探析 [J], 金融理论与实践,2006,(11):77-78.

[117] 赵桂芹. 中国寿险需求影响因素的检验 [J], 中南财经政法大学学报,2006,(11):96-101.

[118] 梁来存. 我国寿险需求的实证分析 [J]. 数量经济技术经济研究,

2007，（8）：80-89.

［119］［美］J. 杜森贝利. 收入、储蓄和消费者行为理论［M］. 底特律：斯彭杰出版集团，1949.